时代楷模 2019

卢永根

永葆初心矢志奋斗的『布衣院士』

中共中央宣传部宣传教育局 编

学习出版社

图书在版编目（CIP）数据

时代楷模. 2019. 卢永根 / 中共中央宣传部宣传教育局编. -- 北京：学习出版社，2020.7

ISBN 978-7-5147-0973-5

Ⅰ. ①时… Ⅱ. ①中… Ⅲ. ①卢永根－先进事迹 Ⅳ. ①K820.7

中国版本图书馆CIP数据核字(2020)第067343号

时代楷模·2019——卢永根

Shidai Kaimo · 2019——Lu Yonggen

中共中央宣传部宣传教育局 编

责任编辑：张 俊
技术编辑：周媛卿 朱宝娟
装帧设计：永诚天地

出版发行：学习出版社
北京市崇外大街11号新成文化大厦B座11层（100062）
010-66063020 010-66061634 010-66061646
网 址：http://www.xuexiph.cn
经 销：新华书店
印 刷：北京市密东印刷有限公司

开 本：710毫米×1000毫米 1/16
印 张：10
彩 插：2
字 数：120千字
版次印次：2020年7月第1版 2020年7月第1次印刷

书 号：ISBN 978-7-5147-0973-5
定 价：34.00元

永葆初心矢志奋斗的布衣院士

华南农业大学原校长、中科院院士、著名水稻遗传学家

卢永根

他毕生致力于水稻遗传育种研究，始终站在科学研究第一线。他长期奋战在高等农业教育最前沿，培养了一大批高水平现代农业专家。他始终坚持共产党员勤俭节约的优良作风，将880多万元积蓄捐赠出来设立教育基金，将遗体捐献给医学研究和医疗教育事业。他就是为共和国燃烧奉献70年的“布衣院士”卢永根。

时代楷模
中宣部宣教局
人民画报社
永葆初心矢志奋斗的布衣院士
华南农业大学原校长、中科院院士、著名水稻遗传学家
卢永根
他毕生致力于水稻遗传育种研究，始终站在科学研究第一线。他长期奋战在高等农业教育最前沿，培养了一大批高水平现代农业专家。他始终坚持共产党员勤俭节约的优良作风，将880多万元积蓄捐赠出来设立教育基金，将遗体捐献给医学研究和医疗教育事业。他就是为共和国燃烧奉献70年的“布衣院士”卢永根。

目 录

CONTENTS

时代楷模 · 2019

卢永根

时代楷模·2019

卢永根

人物档案

卢永根，1930 年 12 月出生于香港，中共党员，是华南农业大学原校长，中科院院士，著名水稻遗传学家。

2019 年 8 月，卢永根因病在广州逝世。入党 70 年来，他对党和国家忠诚不渝、矢志奋斗，与共和国同成长、共奋进，是一名永葆初心的优秀共产党员。他将一生献给水稻遗传育种研究，在科学研究第一线为国家农业发展作出了卓越贡献。他长期奋战在高等农业教育最前沿，关爱和支持优秀人才，培养了一大批高水平现代农业专家。他艰苦朴素、无私奉献，将积蓄 880 万多元捐赠出来设立教育基金，将遗体捐献给医学研究和医疗教育事业，是一位情操高尚的道德模范。

卢永根曾获得“最美奋斗者”“全国模范教师”，“南粤杰出教师”特等奖、“南粤楷模”等荣誉，是新时代“四有”好老师和知识分子楷模。2019 年 11 月 15 日，中共中央宣传部追授他“时代楷模”称号。

报道·视角

“布衣院士”留下无字丰碑

张　烁

2019年8月12日，刚刚过完入党70周年的“生日”，89岁的他安详离世，走得坦坦荡荡。

积蓄，全都捐了，880万多元，一分不剩，捐给了华南农业大学；后事，如他所愿，没有告别仪式，遗体捐给国家；最后一笔党费，老伴代交了，有1万元之多……

这一生，他是那样简朴，简朴到家里连窗帘都不挂；可他又是那样富足，一生家国情，桃李满天下，身后泽被万千学子，留下了闪光的无字丰碑。他曾说，生活过得好，不是追求舒服，而是“无愧我心”。

他，就是华南农业大学原校长、中国科学院院士、著名水稻遗传学家卢永根，人们亲切地称他为“布衣院士”。

“中国共产党指给我有意义的人生之路”

生命最后的时光，卢永根躺在病床上，有些疲倦。可一说起当年入党时的情形，他眼中立刻发出明亮的光。

少年时期的卢永根（后）和最小的妹妹

“当时在香港，一个很小的房子，有面墙壁挂着党旗。”老人的广东口音有些颤抖：“举右手，面向北方，延安就在北方，延安就是我们心中的太阳。”

1930年，卢永根出生于香港的一个中产家庭，家里有电话，出门有汽车。11岁那年，日本侵略者占领了香港，他被父亲送回广东花都老家避难，谁料想，这里也被铁蹄践踏。

“老卢看到日本鬼子检查‘良民证’，一不顺从就一巴掌打过来。”老伴徐雪宾说，这一幕让老卢永世难忘。亲历了国土的沦丧，目睹了国民党政府的腐败，卢永根陷入了迷茫。就在这时，一道“红光”照进了他的人生……

1949年8月9日，卢永根在香港加入中国共产党。其实，早在两年前，17岁的他就瞒着家人，作出了人生最重要的决定，加入中共地下党的外围组织——新民主主义同志会。“对祖国的命运自当不能袖手旁观！”卢永根如是说。

“他把入党那一天看成生日，新生命的开始。所以，每年这一天，我都为他过生日。”87岁的老伴徐雪宾颤巍巍地笑了，有点羞涩地透露了一个小秘密：“我想在这一天，一定干一件最让他喜欢的事，所以在 1957 年 8 月 9 日，答应与他结婚。”

新中国成立前夕，卢永根受党组织派遣，离开香港，前去广州领导地下学联，迎接广州解放。“我为什么要抛弃安逸的生活而回内地呢？是中国共产党指给我有意义的人生之路，只有社会主义祖国才是我安身立命的地方。”卢永根说。

作为华南农业大学的校长，卢永根这样定位自己的三重角色：先党员，再校长，后教授。

“虽然我现在疾病缠身，无法自由地行走，但是，我的意识是清醒的，我的牵挂是不变的，我的信仰是坚定的！”岁月无法磨灭卢永根的初心。住院不久，卢永根和老伴向党组织郑重申请：“我俩大半辈子都没有离开过党。这个时候，也不能没有组织生活。”对此，校党委决定，由农学院党委书记等几名党员参与，每月在病房开一次党员学习会。

“我全程看了党的十九大开幕直播，听完总书记的报告，热血沸腾，备受鼓舞……”党的十九大召开第三天，在病房党员学习会上，卢永根笑得皱纹绽放，“仿佛回到刚入党的那一刻。”

“我是炎黄子孙，要为自己的祖国效力”

“这片野生稻太好了，我们没白爬上来！”2001 年 10 月的一天，广东佛冈的一个山顶上，71 岁的卢永根一手拄拐、一手扶树，开心得像个孩子。

爬山不容易，卢永根拄着拐杖，感觉很吃力。“卢老师，您别上去了，我们上去采回来！”学生刘向东不忍。“要上去！野生稻的生长环境很重要，我想去看。”没办法，学生架着他，一步一挪，齐腿深的草打得裤管刷刷作响。

野生稻携带栽培稻不具备的抗虫、抗病基因，是改良水稻的重要种质资源。连续几年，卢永根带着学生们奔波在广东高州、佛冈、遂溪、博罗、惠来等地，苦苦找寻……

卢永根大学毕业后留校任教，成为“中国稻作科学之父”丁颖教授的助手。“抗战时，丁老师带着水稻种、番薯种，一直逃难到云南，把种质资源保护下来。”卢永根十分敬佩。丁老师去世后，卢永根在极其艰苦的条件下，带领团队完成了恩师未竟的事业，保存了具有特色的野生水稻基因库，首次提出水稻“特异亲和基因”的新观点……近些年，卢永根研究团队共选育出作物新品种 33 个，在华南地区累计推广面积 1000 多万亩，新增产值 15 亿多元。

这对师生，还有一段佳话。学术上，丁颖是卢永根的老师，是他的领路人，但在政治上，卢永根是先行者，是进步青年，他多次对丁老师说：“像您这样先进的老科学家，应该尽早成为共产党的一员。”终于，丁颖在 68 岁时加入中国共产党。

20 世纪 80 年代，高校论资排辈风气严重，年轻科研工作者难以“出头”。怎么办？时任华南农业大学校长的卢永根决心要捅破这层“天花板”。他冲破重重阻力，破格晋升了 8 名中青年学术骨干，平均年龄 40 岁，最小的年仅 29 岁，其中 5 人直接由助教破格晋升副教授！如今的这 8 名骨干中，有全国政协副主席、中国工程院院士……

“为什么我的眼里常含泪水？因为我对这土地爱得深沉。”卢永根的日记扉页上，抄写着艾青的诗句。

曾几何时，在美国的姐姐苦劝卢永根一家移民，可怎么也说不动他。卢永根说：“我是炎黄子孙，要为自己的祖国效力。”他在给留学生的信中写道：“外国的实验室再先进，也不过是替人家干活。”在他的劝导下，多名学生学成归国。

“生命诚可贵，爱情价更高；若为祖国故，两者皆可抛！”在一次对学生的演讲中，卢永根化用著名诗句深情表白。晚年，又有人问他为什么非要留在国内，他说：“你向党、向人民作过许诺和宣誓，那自己要遵守了！”

“党培养了我，这是作最后的贡献”

“老卢啊，你身后，储蓄怎么处理？”2016年年底，身患癌症的卢永根住院，老伴徐雪宾问道。

“捐！”卢永根脱口而出，只有一个字。

“好，我也是准备捐的。”没有任何思想斗争，老两口就作出了这个决定。

2017年3月14日下午，卢永根被人搀扶着，吃力地迈上银行台阶。他颤巍巍地打开黑色旧挎包，掏出了10多张存折。周围安静极了，只见卢永根吃力地在一张张凭证上签字，一次次输入密码。不久后，他又在另一家银行，捐出了其他剩余积蓄。

8809446.44元！老两口没有留给唯一的女儿，而是成立了“卢永根·徐雪宾教育基金”。徐雪宾说：“我们的生活样样都得到满足了，这些钱就是多余的。”

样样都得到满足了？走进老人的家，仿佛回到20世纪。铁架子床锈迹斑斑，挂蚊帐用的是竹竿，一头绑着绳子，一头用钉子固定在墙上；台灯是几十年前的款式，收音机修了再修……

“这些东西没有用光用烂，还能用，物还没有尽其用。”卢永根说。“床已经很好了，我们刚结婚时，4个条凳架上板子，就是床。”

徐雪宾很满足。

出门，80多岁的老两口背着双肩包、头戴遮阳帽，挤公交、换地铁；吃饭，叮叮当当拎着饭盒，和学生一起在食堂排队打饭，吃得一粒米都不剩……看到有学生剩饭，卢永根总忍不住提醒：“多少株水稻才能出一碗米饭？”

这已经不是卢永根第一次捐赠。早在2015年，他就和老伴回到家乡，把祖上留下的两个价值100多万元的商铺，捐赠给当地的罗洞小学。

这些壮举，大家说是“捐”，可卢永根却说是“还”：“党培养了我，这是作最后的贡献。”老伴徐雪宾也说：“我们两个年轻时就受到党的教育，国家给了我们许多，我们用不完了，当然还回去。”

不仅“还”钱，他们觉得连自己的生命都是党和国家的，也要“还”回去。于是，双双办理了遗体捐献手续。

“布衣院士”卢永根走了，走得干干净净、清清爽爽。他不留财产、不留遗体、不留墓碑，但是，他留下了很多很多……

《人民日报》2019年11月14日

“布衣院士”的不变牵挂

张　烁

在华南农业大学，有这样一位离休老校长。他使命在肩，初心不忘，即使卧病在床，也不忘过组织生活；他生命不息，科研不止，一生致力于把论文写在祖国大地上；他奋斗终身、无怨无悔，把 880 万余元积蓄捐给教育事业……

他，就是被称为“布衣院士”的“时代楷模”——华南农业大学原校长、中国科学院院士、著名水稻遗传学家卢永根。

“我的牵挂是不变的，我的信仰是坚定的”

“我全程看了党的十九大开幕直播，听完总书记的报告，热血沸腾，备受鼓舞……”党的十九大召开后的第三天，在病房党员学习会上，卢永根笑得皱纹都绽放开来。

儿时的照片上，卢永根身着双肩带、白衬衣。1930 年，他出生于香港的一个中产家庭，家里既有汽车也有电话，条件很优渥。11 岁那年，日本侵略者占领了香港，他亲历了国土的沦丧、目睹了国民党的腐败。最终，中国共产党让卢永根在迷茫中找到了人生方向。

“作为一个热血青年，我决心放弃安逸生活，不惜中途辍学，不怕坐牢、杀头，做一名革命者。”17 岁那年，他瞒着家人，加入了中共地下党的外围组织——新民主主义同志会。1949 年 8 月 9 日，卢永根在香港加入中国共产党。8 月 9 日，从此取代了他的生日，成为他每年最重要的日子。

新中国成立前夕，卢永根受党组织派遣离开香港，去广州领导地下学联，迎接广州解放。大学毕业后，卢永根留校任教，成为“中国稻作科学之父”丁颖教授的助手。这对师生，还有段佳话。“像您这样先进的老科学家，应该尽早成为共产党的一员。”卢永根多次对丁老师说。学术上，丁颖是领路人；政治上，卢永根热情引导着老师——丁颖在 68 岁时加入中国共产党。

担任华南农业大学校长后，卢永根这样定位自己的三重角色：先党员，再校长，后教授。

岁月无法磨灭他的初心。“虽然我现在疾病缠身，无法自由地行走，但是，我的意识是清醒的，我的牵挂是不变的，我的信仰是坚定的！”身患癌症的卢永根和老伴一起，向党组织郑重申请：“我俩大半辈子都没有离开过党。哪怕卧病在床，也不能没有组织生活。”对此，校党委决定，由农学院党委书记等几名党员参与，每月在病房开一次党员学习会。

“我准备把晚年继续献给这个事业”

科教报国是卢永根一生的志向。

“这片野生稻太好了，我们没白爬上来！”2001 年 10 月的一天，广东佛冈的一个山顶上，卢永根一手拄拐、一手扶树，开心得像个孩

卢永根在广东省佛冈县龙山镇湴镇村大石鼓岭考察普通野生稻

子。路不好走，学生就搀着他，一步一挪，气喘吁吁。那一年，他71岁。

“直到生病住院之前，老师都没有脱离科研一线。”学生刘向东含着眼泪说。年逾古稀，卢永根仍然带着学生们奔波在广东高州、佛冈、遂溪、博罗、惠来等地，苦苦找寻携带重要基因、可以改良水稻品种的野生稻……

76 岁那年，卢永根在《真正的科学家　真正的爱国者》一文中写道："我愿意以'活到老、学到老、革命到老'作为人生的取向。我的青春年华已经献给党的科教事业，我准备把晚年继续献给这个事业。"

近些年，卢永根研究团队共选育出作物新品种 33 个，在华南地区累计推广面积 1000 多万亩，新增产值 15 亿多元。

"当教师不仅是一种职业，更是一种终生奋斗的事业"

"当教师不仅是一种职业，更是一种终生奋斗的事业。"尽管从校长的职位上退下来了，但对卢永根而言，教书育人的责任有增无减。每年华农的新生入学和老生毕业，他都会主动给学生们演讲，直到实在讲不动了——身患癌症住进医院……

2017 年 3 月 14 日，卢永根被人搀扶着，吃力地迈上银行台阶。颤颤巍巍地，他打开一个黑色旧挎包，掏出一个折叠过的牛皮纸信封。又打开信封，慢慢掏出 10 多张存折。他在一张又一张凭证上签字，一次又一次地输入密码。不久后，卢永根又在另一家银行，捐出了其他剩余积蓄。

整整 8809446 元！老两口没有留给唯一的女儿，而是成立"卢永根 · 徐雪宾教育基金"，因为"支援国家搞现代化，不把教育搞起来，是不可能的"，卢永根说。

这些壮举，人们说"捐"，可卢永根总说是"还"——"党培养了我，这是作最后的贡献"。徐雪宾也说："我们两个年轻时就受到党的教育，国家给了我们许多，我们用不完了，当然还回去。"

走进老人的家，仿佛回到 20 世纪。铁架子床锈迹斑斑，挂蚊帐用的是竹竿；台灯是几十年前的款式，收音机坏了修了再修……

这不是卢永根第一次捐赠。早在几年前，他就回到老家广州，把祖上留下的两个价值 100 多万元的商铺，捐赠给罗洞小学。他鼓励小学生们努力读书，“国家强大了，我们在这个世界上才更有地位！”

两位老人还有个约定：办理遗体捐献手续，作为共产党员最后的贡献。

2019 年 8 月，卢永根因病医治无效，在广州逝世。赶来送他的华南农业大学原党委书记李大胜，意想不到地收到一个沉甸甸的信封，整整 1 万元。“这是老卢最后的‘特殊党费’！”徐雪宾含泪说道。

《人民日报》2019 年 12 月 16 日

无言的火花

——院士卢永根捐出积蓄880万多元

蔡国兆　刘宏宇　李建国

一名老科学家，用无言的行动诠释了人生的意义。

罹患重症的中科院院士卢永根，将积蓄880万多元无偿捐献给教育事业。

他说："党培养了我，将个人财产还给国家，是作最后的贡献。"

牛皮纸裹着的一叠存折

因罹患癌症，87岁的卢永根自觉时日无多，与夫人徐雪宾商量，决定捐出所有积蓄。

2017年3月的一天，卢永根在夫人搀扶下来到银行，将10多张存折的存款转入华南农业大学的账户。因每笔转账都需输密码、签名，前后足足花了一个半小时。

卢永根夫妇一共捐出8809446元。学校用这笔款设立了教育基金，用于奖励贫困学生与优秀青年教师。

华南农业大学党委书记李大胜看到卢永根用颤巍巍的手掏出牛皮纸包裹着的一叠存折时，忍不住热泪盈眶。

卢永根家里的摆设，还停留在20世纪80年代：破旧的木沙发、老式电视；铁架子床锈迹斑斑，挂帐子用的竹竿，一头绑着绳子，一头用钉子固定在墙上；几张还在使用的椅子，用铁丝绑了又绑。

去过他家的人，都会产生一种印象：家徒四壁。

平日里，这位老校长常常拿着一个半旧饭盒，与学生们一起排队，一荤一素二两饭，在一个不起眼的位置，慢慢地将饭菜吃得干干净净。

和水稻打了一辈子交道，卢永根总会善意提醒那些浪费饭菜的学生：多少棵水稻才能出一碗米饭？

“钱都是老两口一点一点省下来的。”卢永根的秘书赵杏娟说，对扶贫和教育，两位老人却格外慷慨，每年都要捐钱。2015年，卢永根和他哥哥还悄悄将老家两个商铺祖屋捐给了当地小学。

笔记本扉页的4个“一点”

卢永根没有将财产留给唯一的女儿。

他说，孩子已经自立了，他的个人财产最后应为社会作贡献。

在卢永根办公桌上一个笔记本的扉页，写着他用来自勉的4个“一点”：多干一点，少拿一点；腰板硬一点，说话响一点。

卢永根祖籍广东花都，1930年生于香港，1949年加入中国共产党，并受派遣回到广州。他说：“为什么要放弃安逸生活回内地？主要是侵华战争的现实教育了我。我要为祖国复兴效力。”

从此，他在教育领域开始了一辈子的坚守。

1983年，他担任华南农学院（1984年更名为华南农业大学）院长。

“先党员，后校长”是卢永根的口头禅，他认为当好校长的前提是先当好一名党员。

20世纪80年代，学校经费紧缺，身为校长的卢永根坚持不坐进口小车，在住房、电话等待遇上不搞特殊。

他对身边人要求也很严。一位做工程的亲戚来走后门，被他骂了回去：只要我一天在，你一天不要进华农大门；即使身患重病住院，他仍要求秘书不搞特殊，办事尽可能乘坐公交、地铁。

但对科研与人才，卢永根很大方。

20世纪80年代末，学校发展落后，卢永根四处筹措资金，用于发展多学科和重奖人才。

为表彰辛朝安教授团队对兽药开发的贡献，他破天荒拨出10万元高额奖励；

为让优秀学者刘耀光安心回国，他多方筹措经费，为其建立专门实验室；

博士生刘向东到香港大学做研究，他主动借1500元，还把自己出国用的两个行李箱与一套新西服送给学生。

“他为科研奉献了一切。”弟子张桂权说。

病房里的临时党支部

淡泊明志的科研工作者，总是崇尚吃苦精神。

卢永根带领弟子，小心地保护着1万多份稻种资源和900多份野生稻资源。许多珍贵的稻种，都是他带着学生翻山越岭一株一株找回来。

2001 年，听说广东佛冈一处山顶有野生稻，已 70 多岁高龄的卢永根亲自出发寻找。

山上无路，布满荆棘。到半山腰，卢永根已体力不支，但他坚持要去现场，学生们只好架着他慢慢往上爬。

老照片上，卢永根一手拄拐，一手扶树，在野生稻旁笑得格外开心。

在水稻遗传研究领域，卢永根作出过突出贡献。他提出的水稻“特异亲和基因”新学术观点，对水稻育种实践产生了重要作用。近 5 年，卢永根带领研究团队共选育出作物新品种 33 个，累计推广面积达 1000 万亩以上。

桃李不言，下自成蹊。

许多当年的学生和被破格提拔的青年学者，如今都已走上学术带头人、领导岗位。

“正直、率真、有情怀，卢永根影响和改变了我的人生轨迹。”民盟中央副主席温思美说。

躺在病床上，卢永根仍希望能过组织生活。经校党委批准，病房临时党支部成立了，一个月开一次会。

“我俩大半辈子都没有离开过党。这个时候，也不能没有组织生活。他要继续坚持下去。”徐雪宾说。

“卢永根触动我们去反思，人一生要追求的到底是什么？”华南农业大学教师王慧说。

1984 年的一个夜晚，卢永根在学校作了一场演讲。亲历者回忆，那晚没有灯光，草坪上密密麻麻坐满了学生。

卢永根说："生命诚可贵，爱情价亦高；若为祖国故，两者皆可抛。……我今天的发言，如果能像一束小火花一样，点燃你们心扉中的爱国主义火焰，并迸发出热情，去为振兴中华而奋斗，那是我所热切期待的。"

新华社广州2017年10月14日电

卢永根院士：赤诚抒写“我和我的祖国”

刘大江　刘宏宇

他走了，不带走一片云彩；

他走了，留下一片赤诚、无限感动。

“卢永根……”追思中，一声轻唤，让人泪流滚烫、心潮难平。

有一种信仰，叫赤诚报国；有一种大爱，叫“布衣院士”。

唯物主义者“最后的贡献”

“党培养了我，将个人财产还给国家，是作最后的贡献。”

——卢永根

2019 年 8 月 12 日凌晨，89 岁的卢永根院士因病辞世。按照他和家属意见，不举行任何遗体告别仪式；遗体无偿捐献给医学科研和医学教育事业。

这是他作为院士的“最后一次科普”；这是他作为唯物主义者的“最后的一次贡献”。

卢永根去世后的第四天，他的老伴、华南农大离休教授徐雪宾将一个信封郑重交给华南农大时任党委书记李大胜："这是阿卢的特殊党费，希望组织能够接受。"

住院的日子，卢永根夫妇坚持着每天清晨收听广播、每晚看《新闻联播》的习惯。夫人每天为卢永根读报。

"2017年4月17日，卢永根希望学院把教育基金的管理实施办法制定好"；

"2017年9月27日，组织支部学习黄大年的先进事迹"；

"2017年10月20日，卢永根在病房全程观看了党的十九大开幕直播，他表示，总书记的报告让他这位老党员热血沸腾，备受鼓舞。"

……

这是卢永根参加所在党支部组织生活记录。

党的十九大召开当天，卢永根身体非常虚弱，躺在床上，插着氧气管，仍然坚持全程听完十九大报告，并参与随后的学习、讨论。

"卢永根诠释了党性的力量。"华南农大党委副书记钟仰进说。

"布衣院士"的"穷"与慷慨

"多干一点，少拿一点；腰板硬一点，说话响一点。"

——卢永根

2017年3月，卢永根以夫妻的名义将积蓄880万多元人民币捐赠给华南农大，成立教育基金，用于奖励品学兼优的贫困学生及优秀青年教师，资助、邀请农业领域国内外著名科学家来校讲座。这是当时华南农大建校以来最大的一笔个人捐款。

2015年，他还说服哥哥，将老家兄弟共有的两所祖屋，以他们

2017 年 3 月 21 日，卢永根、徐雪宾夫妇二人签字捐赠 880 万余元

父母的名义捐给了广州花都区罗洞村的小学。

在卢永根夫妇慷慨捐赠的背后，是无法想象的节俭。

退休后，夫妻俩出行坐公交，吃饭在食堂。平日里，人们总能见到这位老校长、老院士端着一个半旧饭盒，静静地与学生们一起排队打饭。

院士家中的摆设，还停留在 20 世纪 80 年代：破旧的木沙发、老式电视；铁架子床锈迹斑斑，挂帐子用的竹竿，一头绑着绳子，一头用钉子固定在墙上；几张还在使用的椅子，用铁丝绑了又绑……

华南农大农学院原党委书记张展基一直记得，一次，他打着雨伞走出校门，突然看到卢永根校长一手拎着包、一手提着皮鞋冒雨往学校里跑。后来才知道，卢永根的皮鞋是出国或特殊场合才穿的，那天他在省里开完会回校，正赶上下雨，他生怕皮鞋沾水弄坏，于是有了拎着鞋赤脚奔跑的一幕。

有一年，农学院给参加运动会的教工发了一套运动服和运动鞋，竟然成为卢永根日常生活的“标配”。那双运动鞋，他穿到脱胶、掉线，去修鞋摊补了几回，继续穿，实在不能再穿了才扔掉。他说：“没到用光用烂还能用，物要尽其用。”

“公家的钱，能省就省。”华南农大农学院教授刘向东回忆，卢永根特别严于律己。

2003 年，卢永根参加在南昌举行的全国野生稻大会，会后继续去沈阳出差。为了节省住宿费和时间，已是 70 多岁的他选择坐夜行火车到北京，再换乘飞机到沈阳……

科学家的爱与奉献

“一名真正的科学家，必须是一名忠诚的爱国主义者，要把国家和人民的需要作为自己工作的动力。”

——卢永根

双休日和假期照常工作，早已成为卢永根实验室的不成文规矩。

卢永根表示，既然选择了教师的职业，就无怨无悔，从来没有想过改行。

曾经有一个时期，教师的社会地位不高，生活待遇也较低，有些教师心情浮动。

卢永根说：“不为五斗米折腰，才是真正的科学家。”

1987 年，上级拟将担任华南农学院院长的卢永根调到北京，任中国农业科学院院长兼党组书记，享受副部级待遇。但卢永根恳切推辞，因为他舍不得离开水稻研究事业。

卢永根是中国著名稻作科学家丁颖院士的学生。1961 年，中央决定为老专家配备科研助手，丁颖院士选择了卢永根。直到 1964 年 10 月丁颖在北京逝世，卢永根一直在他身边工作，跟随老师跑遍了全国的稻区。

丁颖淡泊名利，勤恳敬业，生活俭朴，学农爱农。这些优秀的品质，深深地影响了卢永根。同时，年轻的卢永根身上共产党员的可贵品格也影响着丁颖，晚年的丁颖，毅然加入了中国共产党。

卢永根一生从事稻种种质资源收集、保护与创新利用以及水稻遗传学和细胞生物学等基础性研究工作，取得一系列重要成果。

他曾协助中国科学院院士丁颖开展中国水稻品种的光温生态研究，丁颖去世后，卢永根主持总结该项工作并参加撰写《中国水稻品种的光温生态》，获 1978 年全国科学大会奖；在水稻遗传资源、水稻半矮生性、雄性不育性、杂种不育性与亲和性等方面的遗传研究，取得了很大进展；他提出水稻“特异亲和基因”的新学术观点以及应用“特异亲和基因”克服籼粳亚种间不育性的设想，被业界认为是对栽培稻杂种不育性和亲和性比较完整和系统的新认识，在理论上有所创新，对水稻育种实践具有指导意义。

卢永根还带着学生，悉心保护着 1 万多份水稻种质资源并加以研究。如今，华南农业大学已成为我国稻种资源的宝库。

2001 年，听说在广东佛冈县的一处山顶上长有野生稻。卢永根不顾年迈，带学生去寻找。山上没有路，布满荆棘。到了半山腰，卢永根已经体力不支，但他坚持要去现场，学生们只好架着他爬到山顶。

直到 70 多岁，卢永根还带着学生翻山越岭，到处寻找野生稻种。

有一张当年拍的现场照片，卢永根一手拄拐，一手扶着树，在野生稻旁笑得格外灿烂。

近些年，卢永根研究团队共选育出作物新品种33个，其中水稻25个、大豆5个、甜玉米3个；培育水稻不育系3个。这些品种在华南地区累计推广面积达1000万亩以上，新增产值15亿多元，创造了巨大的经济效益和社会效益。

“香港仔”的“中国心”

“日本侵华战争的现实教育了我，使我觉醒到当亡国奴的悲惨。我是炎黄子孙，要为自己的祖国复兴效力。”

——卢永根

卢永根是土生土长的“香港仔”。1930年，他出生在香港一个中产阶级家庭，从小接受西式教育。

1941年，太平洋战争爆发，日本侵略者攻占香港。他亲眼看到日本侵略者的凶残，体味到沦为亡国奴的苦楚，民族自尊心油然而生。因香港战乱，卢永根回到广东省花县老家避难。在家乡逃难的两年时间里，卢永根加深了对中国农村的了解和认识。

回到香港后，卢永根转入新开办的香港培侨中学。这是一所爱国的进步学校，爱国和民族思想活跃。3年培侨中学的学习，成为卢永根走上革命道路的起点。

1949年8月，香港。卢永根举起右拳，面向北方，庄严宣誓加入中国共产党。

根据党组织的安排，刚入党的卢永根进入广州岭南大学读书，领导地下学联做好迎接广州解放的工作。1953年，卢永根从华南农学院农学系毕业并留校工作，从此扎根内地，毕其一生研究水稻。

“一名真正的科学家，必须是一名忠诚的爱国主义者。”1994年，卢永根在一封公开信中这样说。他指出，连为养育自己的国家和民族服务都不愿意，还奢谈什么为全人类服务？

卢永根曾 3 次赴美探亲访学，美国的亲人竭力说服他留下来，但被他坚决拒绝。

华南农大红满堂草坪，30 多年前的一个夜晚，卢永根曾在这里作过《把青春献给社会主义祖国》的主题演讲，让学生们终生难忘。

“我今天的发言，如果能像一束小火花一样，点燃你们心扉中的爱国主义火焰，并迸发出热情，去为振兴中华而奋斗，那是我所热切期待的。”卢永根说。

新华社广州 2019 年 11 月 13 日电

倾其所有的“布衣院士”

王忠耀　吴春燕

2019年8月12日凌晨4时41分，是中国科学院院士、华南农业大学原校长卢永根89年生命历程永远定格的时刻。作为作物遗传学家，他保存了华南地区最大的野生水稻基因库；作为华农老校长，破格晋升“华农八大金刚”，打开了华农人才培养的新格局；作为一个身上仍留有传统风骨印迹的知识分子，他在临别之际捐出880万余元毕生积蓄……斯人已逝，风范长存。

卢永根出生的20世纪30年代，正是中华民族饱受战乱苦难的时期。1941年，香港沦陷，他被父亲送回乡下避难，也因此对侵华日军之残暴、纷乱战火之无情，有了最直观的认识，也为他日后的革命之路埋下了伏笔。

1952年全国院系调整后，在党组织安排下就读岭南大学的卢永根，成为华南农学院的首届学生。正是在这里，他遇到了自己学术上和人生中的重要导师，华南农学院首任院长丁颖。

1956年，时年68岁的丁颖在卢永根的鼓励支持下，加入了中国共产党。而卢永根也始终传承着丁颖的学术思想，他提出的水稻“特异亲和基因”观点对水稻育种实践产生了重要作用，还培育了30多个作物新品种，累计推广面积 1000 多万亩，为我国农业发展作出了重要贡献。

“科学无国界，科学家有祖国”是卢永根的座右铭之一。改革开放后，卢永根到美国探望病重的母亲，以公派访问学者身份赴美国加利福尼亚大学戴维斯分校留学。在美期间，亲人极力说服他留下来，但被他坚决地拒绝了。面对家人的百思不解，“因为我是中国人，祖国需要我！”是卢永根唯一的回答。

1983 年起，卢永根开始担任华南农学院院长、华南农业大学校长，一干就是近 12 年。上任之初，他谈到自己的党员、校长、教授 3 种角色关系时表示，要坚持“先党员，后校长；先校长，后教授”的原则。

借助国外学习的知识和经验，卢永根大刀阔斧改革，推动了华农

20 世纪 80 年代初，卢永根留学美国，这是他在寓所

的跨越式发展。“担任校长期间，卢老顶住压力，破格晋升‘华南八大金刚’，打开了华农人才培养的新格局。”华农原校办主任卢吉祥回忆道。

1987 年，华农的人事改革成为全国关注焦点：破格晋升 8 名中青年学术骨干，其中 5 人更是直接由助教破格晋升为副教授，以破解人才断层困局，破除论资排辈风气。全国政协副主席罗富和、广东省政协原副主席温思美、中国工程院院士罗锡文、抗击“非典”和禽流感战役中的科研英雄辛朝安、华农原校长骆世明……如今，这些当年破格晋升的青年才俊，早已在各自领域耕耘出一片天地。

“回顾 50 多年的科教生涯，我有几点体会：要把教学科研工作看作一种事业；教师和科学工作者的魅力在于人格力量；教师和科学工作者也要讲政治；要淡泊名利；要不断努力学习。”在光明日报 2009 年 10 月 30 日刊发的署名文章中，卢永根写道。

2017 年 3 月，87 岁的卢永根和夫人徐雪宾将 10 多个存折内的积蓄一笔又一笔地转入华农教育发展基金会账户。算上每笔转账输入密码、签名的时间，前后足足花了一个半小时。而当时的卢永根，已是一名尚在住院治疗的癌症患者。

8809446 元，当看到卢永根颤颤巍巍地掏出用牛皮纸包裹着的一叠存折时，华南农业大学党委时任书记李大胜热泪盈眶。这是华农建校以来，收到的最大的一笔个人捐款。“献身科教业，桃李竞芬芳。严谨为治学，潜心研稻香。平生唯节俭，一世恨铺张。老病捐积蓄，精神播远扬。”华农总会计师蒋育燕的诗，满是一位后辈的质朴情感。

卢永根夫妇住的房子，依然是华农的房改房，位于五层，还保留着 20 世纪的装修，室内的陈设也非常简单。原来夫妇俩都是自己打扫卫生，近年来才请了个钟点工，定时到家里帮助清理。“很多人不知道，在卢老慷慨捐赠的背后是近乎苛刻的节约。”卢永根的学生、华南农业大学农学院副教授刘桂富说，卢永根夫妇家中使用的都是老式家具，几乎没有值钱的电器。

“作为中科院院士的杰出代表，卢永根矢志报国的崇高理想、勇于创新的科学精神、严谨求实的治学风范和淡泊名利的人生态度，诠释了追求真理、造福人类、服务国家的科技价值观，彰显了中科院院士称号的荣誉所在。”在给卢永根的慰问信中，中国科学院院长白春礼写道。

《光明日报》2019年8月14日

卢永根：唯愿稻香飘遍祖国大地

王忠耀　吴春燕

9 月的广州仍是一派夏日景象，在位于天河区五山路的华南农业大学，校园中的紫荆花树仍是郁郁葱葱；波光粼粼的洪泽湖畔有不少晨读、锻炼的身影。然而与往年不同，校园中唯独少了一个陪伴华农走过了几十年发展历程的身影——老校长卢永根。

1930 年，卢永根出生于香港，1936 年开始入读香港粤华中学附属小学，接受较好的教育。抗日战争时期，战争的残酷让卢永根的民族意识开始觉醒。

初中时期的卢永根，在岭英中学碰到了思想进步的语文老师林莽中（萧野），并经他介绍到香港培侨中学读高中。在卢永根看来，培侨中学的 3 年时光，是他树立正确的人生观、世界观和价值观的重要时期，在这里他逐渐成长为一个坚定的革命者。

1952 年，作为华南农学院的首批学生，他在这里遇到了我国著名农业科学家、教育家丁颖先生。踏着老师未竟的步伐，他继承了丁颖生前收集的 7000 多份野生稻种，后来逐步扩充到 1 万多份水稻种质资源，这成为我国水稻种质资源收集、保护、研究和利用的重要宝库之一。

即使退了休，卢永根对水稻的研究热情也依旧不减。2000 年前后，卢永根和学生们根据文献，前往广东高州、佛冈、遂溪、博罗、惠来等地搜集资源。野生稻多分布在山顶、水泽等人迹罕至之处，许多地方只能徒步。彼时卢永根已是七旬老人，却依然兴致勃勃。山高无路，荆棘丛生。到最后，卢永根体力不支，可仍坚持要去现场，于是学生们架着他，慢慢往上爬。老照片上，卢永根一手拄拐，一手扶树，在野生稻旁笑得格外开心。

卢永根一生致力于水稻的遗传育种研究。20 世纪 80 年代初期他带领团队研究水稻的杂种不育性，并和助手张桂权一起提出了水稻“特异亲和基因”的概念，以及应用“特异亲和基因”克服籼粳亚种间不育性的设想，被业界认为是目前对栽培稻杂种不育性和亲和性比较完整和系统的新认识，对水稻育种实践具有指导意义。

从 1983 年开始，卢永根担任了近 12 年华农校长。其间，他打破学校面临的人才断层困局，给有能有为的年轻人拓展了广阔天地。作为一名老党员、老教师，卢永根同样以他的一腔爱国之情去教育和感染他的研究生、青年教师和出国学习访问的学者。华农知名教授、2017 年新增选的中科院院士刘耀光，当年曾受教于卢永根。去日本留学后他在当地工作数载。卢永根接二连三给刘耀光写信，向他介绍学校的情况。在卢永根的一再书信动员下，刘耀光最终于 1996 年回到华农，潜心科研，大有建树。而包括温思美、彭新湘等一大批优秀的青年科技人才，也正是在他的感召下，放弃国外的优渥生活，回到祖国，来到华农，成长为各自研究领域的中坚力量。

2017 年 3 月，卢永根院士及夫人徐雪宾教授将积蓄合计 880 万余元全部捐赠给华南农业大学，成立“卢永根·徐雪宾教育基金”，用于扶持农业教育事业。当时，这是华农建校以来，金额最大的一笔个人捐款。

很多老一辈的华农人更不会忘记，1984 年的那个夜晚，卢永根在华南农业大学红满堂草坪上给全校学生作的 3 个多小时报告——《把青春献给社会主义祖国》中所说：“我今天的发言，如果能像一束小火花一样，点燃你们心扉中的爱国主义火焰，并迸发出热情，去为振兴中华而奋斗，那是我所热切期待的。”

《光明日报》2019 年 9 月 26 日

卢永根生命中的“70年”

王忠耀　吴春燕

在刚刚迎来110岁生日的华南农业大学，被芳草和绿荫围绕点缀的昭阳湖，是不少华农人最难忘的校园记忆。伫立着老校长卢永根雕像的院士广场，就坐落在昭阳湖畔。雕像上铭刻着的“坚持实事求是，提倡独立思考；不赶浪头，不随风倒；有三分事实，作三分结论”，是这位永葆初心、矢志奋斗的“布衣院士”一生最真实的写照。

“卢院士是我最尊敬的人之一，他是我们学界的楷模，是为人的榜样，他是一个大师，又是一介布衣。无论是为学为人，我们都把他作为榜样，始终默默向他学习，但我们可能终其一生也无法望其项背。”谈及恩师，全国政协常委、华南农业大学副校长温思美感慨不已。

一个共产党员的70年

1983年担任华南农学院院长后不久，卢永根谈到了自己眼中党员、校长、教授这3种角色的关系，他表示自己会谨记“先党员，后校长；先校长，后教授”的原则。在卢永根眼中，共产党员的身份是他时刻谨记、从未忘却的初心和责任。

1949年8月9日，卢永根在香港加入了中国共产党。卢永根曾回忆，入党宣誓那一天，监誓人一再提醒他：“加入共产党，个人的一切包括生命都属于党、属于人民，党和人民的利益高于一切，你是否要参加，请认真考虑！”年仅18岁的他毫不犹豫，庄严地举起了自己的右手。

而与学术启蒙恩师、中科院院士、华南农学院（今华农前身）首任院长丁颖的一段“忘年交”，至今仍被人们津津乐道。虽然比卢永根年长40多岁，然而在1956年，在学生卢永根的鼓励和支持下，时年68岁的丁颖加入了中国共产党。

生命中的最后一段时光，卢永根不得不长期住院。“我俩大半辈子都没有离开过党。这个时候，也不能没有组织生活。他要继续坚持下去。”他的夫人徐雪宾说。住院后，87岁的卢永根主动向华农农学院党委申请成立病房临时党支部。2017年3月，“卢永根院士病房临时党支部”成立。

党的十九大召开后的第三天，“卢永根院士病房临时党支部”开展了“学习讨论习近平总书记十九大报告”的专题组织生活会。当时卢永根的身体已经非常虚弱，仍然坚持全程参与了学习和讨论。“听完习近平总书记的报告，热血沸腾、备受鼓舞。作为一名老党员，再次找到了自己在解放初期所感受到的国家发展和人民生活蒸蒸日上、热火朝天求发展的强烈愿望。”

这位亲历了共和国成长的老党员，直至生命的最后一刻，依然坚守着自己70年前的无悔抉择。

一位作物遗传学家的70年

1952年全国院系调整，岭南大学与中山大学两校农学院合并为华南农学院，作为首届学生的卢永根，也自此与作物遗传学研究结下了不解之缘，奉献了一生。

卢永根（二排左一）跟随丁颖（二排右五）科研期间合影

“丁颖院士对我成才和毕生从事水稻研究起到了决定性的作用。”回忆起恩师，卢永根从不讳言他对自己人生选择的关键作用。丁颖去世后，卢永根继承了他生前收集的7000多份野生稻种，后来逐步扩充到1万多份水稻种质资源，成为我国水稻种质资源收集、保护、研究和利用的重要宝库之一。

即便年过古稀，卢永根还是经常跋山涉水，不辞辛劳，前往山野之间，进行实地考察。他的学生、华农农学院教授刘向东回忆，在2000年前后，他们根据文献记载，前往广东高州、佛冈、遂溪、博罗、惠来等地进行普通野生稻资源的搜集。彼时的卢永根已有七旬，但他依然兴致勃勃。这些野生稻多分布在山顶、水泽等人迹罕至之处，交通不便，很多地方只能徒步。“到一些实在很难爬的山路段，我们就只能扶着卢老师缓缓通过。”刘向东回忆。

作为学者，严谨是老师留给刘向东最深刻的印象。“老师的严谨不仅仅体现在学术研究中，还体现在生活的方方面面。他教导我，

‘三分结果就下三分结论’，要实事求是，不能夸大。”刘向东说。

卢永根在水稻遗传资源、水稻半矮生性、雄性不育性、杂种不育性与亲和性等方面的遗传研究，取得了很多重要进展。特别是他和助手张桂权提出的水稻“特异亲和基因”新学术观点以及应用“特异亲和基因”克服籼粳亚种间不育性的设想，被认为是对栽培稻杂种不育性和亲和性比较完整和系统的新认识，在理论上有所创新，对水稻育种实践具有重要指导意义。

一名师者的 70 年

2017 年 3 月，卢永根院士及夫人徐雪宾将积蓄 880 万余元全部捐赠给华南农业大学，成立“卢永根·徐雪宾教育基金”用于扶持农业教育事业。这是当时华农自建校以来，收到的最大的一笔个人捐款。作为人师，卢永根的倾其所有无疑是对这所他倾注了一生时光的母校，以及每一位学生的无言大爱。

从 1983 年开始，卢永根担任了近 12 年华农校长。上任之初，他面对的是一个面临着人才断层困局的华农。为给有能有为的年轻人拓展广阔天地，1986 年年底，卢永根专程赴京向原农牧渔业部部长、党组书记何康请示。得到批准后，华农在全国率先打开人才培养新格局。

“当时很多四五十岁的老教师都没有办法晋升，提拔年轻人风险很大。卢老仔细阅读每个人的档案，通过谈话考察每个人的品质，在 100 多人的全校副教授以上会议上进行述职，系、校两级学术委员会不记名投票，并寄到校外进行专家评审。”华农原校办主任卢吉祥回忆道。

最终，骆世明等3人从讲师晋升为副教授，罗锡文等5人从教员或助教破格晋升为副教授，年龄最小的温思美当时才29岁。如今，8个被破格提拔的年轻学者已成为各自领域的佼佼者，被称为“华农八大金刚”。

对于中国工程院院士、华南农业大学教授罗锡文而言，当年从美国弗吉尼亚大学进修归来，卢永根将他叫到办公室倾谈的情景，至今仍历历在目。“卢院士勉励我，将国外所学经验跟中国农业的现实结合起来。他还跟我说，金杯银杯不如老百姓的口碑，要实实在在做事，做一些能够为农业解决实际问题的事。”30多年来，这些话成了罗锡文学术和人生的引航灯。

在水稻作物研究上，华农走出了“一门三院士”。1955年被誉为“中国现代稻作科学之父”的丁颖当选中科院学部委员（院士）。丁颖的学生卢永根1993年当选中科院院士。时隔24年，卢永根的学生刘耀光于2017年当选中科院院士。在国际学术界，刘耀光发出了杂交水稻育性发育分子基础研究的“中国声音”。“我的成长离不开卢老师的教诲，作为他的学生我受益良多。”刘耀光表示。

“生命诚可贵，爱情价亦高；若为祖国故，两者皆可抛。……我今天的发言，如果能像一束小火花一样，点燃你们心扉中的爱国主义火焰，并迸发出热情，去为振兴中华而奋斗，那是我所热切期待的。”30多年前，卢永根在名为《把青春献给社会主义祖国》的报告中，表达了自己心中所盼。如今斯人已去，但如他所愿，他所撒下的种子，正让祖国大地麦浪翻滚、稻花飘香。

《光明日报》2019年11月14日

满室皆旧物　布衣好耕读

郑　杨

"卢院士今年89岁高龄，是身边人所熟知的生活简朴的卢爷爷。但是，这个衣着简单、生活低调的人，却因2017年的一个举动，突然成了'网红'。2017年3月，他与夫人徐雪宾颤颤巍巍地抱着一个破旧的牛皮纸信封出现在华农校内一家银行，将10多个存折的存款转入学校账户，880万余元！这是两位老人毕生的积蓄，卢院士有一个女儿，但他选择把钱毫无保留地全部捐给学校……"

这个有关水稻遗传学家、华南农业大学原校长卢永根院士的小故事，是华南农业大学青年教师党林夕于2019年7月1日在广东省"不忘初心、牢记使命"主题教育先进事迹报告会上所讲，听者无不动容。40多天后的8月12日凌晨，卢永根因病医治无效，永远地离开了牵挂他的人。患病期间，他亲手签订了捐赠遗体志愿书，希望以一名院士的身份作最后的医学科普，把身体捐献给国家的医学研究。

他无数次说，要把一生献给祖国。在新中国成立70周年也是他入党70周年之际，他圆满践行了自己的誓言。

赤诚的爱国情怀

卢永根为什么会如此慷慨？这还要从他最初的人生选择说起。

卢永根在香港出生长大，父亲是英国律师行的一名高级员工，他从小就接受了良好的中西方综合教育。但在1941年，卢永根读小学六年级时，太平洋战争爆发，香港被日军占领，父亲将几个儿女送回老家广州花都乡下避难。在花都，卢永根经历了东躲西藏、衣食匮乏的逃难生活，目睹了日军的凶残暴行。从小经历流离苦难，激发了他强烈的忧患意识和家国情怀。

念高中时，他作出了与同龄人不一样的选择：不顾家人反对，放弃在港前途更好的英文学校，选择在中文学校就读。受学校民主进步思想的影响，1947年，他加入了中共地下党的外围组织新民主主义同志会，积极开展地下活动。1949年，他在香港正式加入中国共产党，成为一名“地下党员”。

其间，卢永根考入岭南大学就读。经历全国院系调整后，他来到华南农学院，与一生的恩师——华南农学院第一任院长丁颖教授相遇，毕业后更成为丁颖开展水稻研究的得力助手。丁颖是中国科学院院士，曾留学海外，致力于水稻育种研究，有“中国稻作科学之父”的美誉。

丁颖是院长，卢永根是学生，年龄相差40多岁。可是，卢永根成功说服当时已68岁的丁颖加入中国共产党，这在当时广州地区高级知识分子中产生巨大反响。对此，卢永根曾回忆，与老师的这份“忘年交”友谊一直暗含着一分默契：“学术上，您是我的老师，是我的领路人，但在政治上，我是先行者，是进步青年，我要告诉您中国共产党的伟大信仰。”

这一信仰在卢永根看来，必须终生践行。

卢永根常把法国科学家巴斯德的名言挂在嘴边："科学无国界，但科学家有祖国。"改革开放后，卢永根曾以公派访问学者身份赴美国加利福尼亚大学戴维斯分校留学。留美期间，在美国的亲人竭力说服他留下来，卢永根却坚定地说："我是中国人，祖国需要我！"

是啊，如果他一走了之，丁颖老师毕生收集托付给他的 7000 多份水稻种质资源将何去何从？他这一走，这个领域的研究又要多少年才能赶上其他国家？

卢永根回到了祖国。在他的感召下，一大批水稻育种专家也选择回国报效祖国。卢永根培养出了一批优秀的农业科学家。2017 年，他的学生刘耀光当选中国科学院院士，"一门三院士"被传为佳话。

近年来，卢永根长期卧病在床，无法正常参加党支部的活动。在他和夫人徐雪宾的要求下，一个特殊的临时党支部在医院病房成立。党的十九大胜利召开后，"卢永根院士病房临时党支部"开展了学习党的十九大报告的专题组织生活会。卢永根身体虚弱，但坚持全程参与学习和讨论。他说自己心情很激动，仿佛回到了刚入党时的那一刻。

卢永根去世后，他的遗孀——华南农业大学离休教授徐雪宾，将装有 1 万元的信封交给学校党委，这是卢永根生前嘱托她转交的特殊党费。

一世情缘结水稻

在广袤的大地上，农民的生活曾经十分艰辛，靠天吃饭。如何提高水稻的育种品质？这是卢永根毕生研究的课题。

在党林夕看来，水稻遗传育种领域的理论性研究曾经很缺乏，基础研究又很难出成果，卢永根却选择啃下这块硬骨头，在该领域取得了突破性进展，非常不易。

据她回忆，老校长卢永根常常像普通农民一样，挽起裤腿，赤脚走在农田里，一步一个脚印地去寻找水稻的祖先“野生水稻”，跑遍了广东、海南和江西。

野生稻的收集十分困难，要么在山区，要么在荒芜的沼泽地，但卢永根从不放弃。有一次，已经70多岁高龄的卢永根带队去广东清远一座荒山采集野生稻，爬到半山腰，已是体力不支，但他仍坚持要上山，学生们只好连搀带扶，架着他慢慢往上爬。山路崎岖陡峭，好不容易才爬到山顶，学生们想让他先歇一歇，他却说：“找！赶紧找！”

幸运的是，最终找到了宝贵的野生稻。亲眼见到野生稻的生长环境，疲惫不堪的卢永根异常激动。他俯下身紧紧握着稻穗对学生们说：“作为一个农业科学家，你必须把根深深扎在泥土里，一定要亲自察看现场，不能遗漏一丝一毫的细节。”

就这样，长期奋战在农业科研一线的卢永根，在水稻的遗传资源、经济性状遗传、雄性不育遗传、杂种不育性遗传等研究领域都取得了丰硕成果。

在协助丁颖院士开展中国水稻品种的光温生态研究期间，卢永根随丁颖奔赴内蒙古、宁夏、甘肃、新疆、陕西、河北、山西、山东等地，考察了各地的水稻品种、性状和栽培方法。丁颖病逝后，卢永根勇挑重担，牵头完成了后续研究工作。他保存下了丁颖生前收集的7000多份稻种，后来逐渐扩充到1万多份水稻种质资源，成为我国水稻种质资源收集、保护、研究和利用的重要宝库之一。

1978年，卢永根主持完成了《中国水稻品种的光温生态》一书，成为我国水稻育种工作者最重要的参考书。他所提出的水稻“特异亲和基因”的创新学术观点，被业界认为对水稻育种实践具有指导意义。近年来，他还带领研究团队选育出作物新品种 33 个，为我国粮食安全作出了重要贡献。

卢永根不仅是科学家，也是一位杰出的教育家。

1983 年，卢永根担任华南农学院院长（1984 年更名为华南农业大学），开启了近 12 年的校长生涯。其间，他借助从国外学习的经验，大刀阔斧地改革，推动了华农的跨越式发展。

华农原校办主任卢吉祥回忆，担任校长期间，卢永根顶住压力，破格晋升了“华农八大金刚”，打开了华农人才培养的新通道。

1987 年，华农的人事改革成为全国关注焦点：破格晋升 8 名中青年学术骨干，其中 5 人更是直接由助教破格晋升为副教授，破解了人才断层困局，打破了论资排辈风气。如今，这些当年被破格晋升的

卢永根同他的 5 位得意门生，左起：刘向东、庄楚雄、张桂权、卢永根、刘耀光、严小龙

青年才俊，已成长为政界、学界的优秀人才，包括全国政协副主席罗富和、中国工程院院士罗锡文、抗击“非典”和禽流感战役中的科研英雄辛朝安、华南农业大学原校长骆世明等。

“在那些难以被人看见的日日夜夜，他逐步为学校的长远发展铺就了道路。”骆世明深有感触地说。

满室旧物慷慨捐资

在少年时缺衣少食的逃难生活中，卢永根曾接到父亲特意捎来的亲笔家训：“身劳苦学”“既买锄头又买书，田可耕兮书可读，半为儒者半为农”，这些家训他终生铭记。他不在乎名，不在乎利，但求这一生有意义。

2017年3月，卢永根撑着孱弱病躯和夫人将积蓄8809446.44元全部转入华南农业大学账户，设立教育基金。他叮嘱，“这笔捐款要用于奖励品学兼优的贫困学生，嘉奖忠诚于教学科研的教师，资助农业领域国内外著名科学家前来讲学交流”。

“10多个存折，每笔转账都需要输密码、签名，前后足足花了1个半小时。然而他们作出这个捐赠决定究竟考虑了多久？我可以告诉大家，这一切仅发生在几秒钟之内。”党林夕在事迹报告会上动情地说，当时，卢院士病重，与夫人商量后事安排时，他就说了一个字：“捐！”夫人马上懂了，立刻说：“我也是这么想的。”2017年，卢永根被评为“感动中国”年度人物之一。

慷慨捐赠的背后，是近乎苛刻的节约，以至于让他获得了“布衣院士”的称号。

卢永根的同事回忆，他的家中一直在使用20世纪80年代的旧沙发、旧铁架床、旧电视，虽年事渐高，却一直住在没有电梯的五楼居室。入院治疗前，他几乎每天最早赶到办公室，忙碌地做科研、回邮件。到了中午，他拎着一个铁饭盒去学校饭堂，和学生们一起排队打饭，再慢慢地将饭菜吃干净。和水稻打了一辈子交道，卢永根总会善意提醒那些浪费饭菜的学生，“多少棵水稻才能长成一碗米饭？”

晴天，他戴着遮阳帽、背着挎包，在葱郁的校道上安然地等公交车；雨天，他卷起裤腿，蹚着雨水往家走……他成了校园中的一道风景线，让人难以忘怀。

正是这道朴实的风景线，给予了很多人希望。党林夕说，一直以来，卢永根都通过各种途径去帮助困难学生，帮他们改变命运。看到学生刘向东有机会去香港进修，但因经济困难而顾虑重重，卢永根便借钱给他，并提供行李箱等用品，鼓励他学有所成，报效祖国。他甚至把广州花都祖辈传下来的两家商铺赠予当地小学作教育基金，至今，该基金已资助师生近3000人。

《经济日报》2019年11月14日

卢永根院士：初心永恒　大地为根

龙跃梅

华南农业大学校园内，卢永根院士雕像静静地伫立着。

卢永根是水稻遗传学家、中国科学院院士、华南农业大学原校长。这位把一辈子贡献给作物遗传育种学的老科学家，2019 年 8 月 12 日逝世。

卢永根的一生，始终不忘初心、牢记使命，一心向党、一生爱国、一身正气、一生恭俭，充分展现了一名共产党员、教育工作者和农业科学家的可贵精神和高尚情操。

“祖国才是我安身立命的地方，我打心底里热爱自己的祖国。”卢永根曾这样说。

初与终
——坚守共产党人的理想信念

卢永根祖籍广州花都，1930 年 12 月出生于香港一个中产阶级家庭，从小在香港接受良好的中西方综合教育。1941年，在卢永根读小学六年级的时候，太平洋战争爆发，香港被日军占领。其父将几位儿女送回老家广州花都乡下避难。在花都，卢永根经历了东躲西藏、衣食匮乏的逃难生活，目睹了日军的凶残暴行。

从小经历离乱苦难，激发了他强烈的忧患意识和家国情怀。

高中时，卢永根不顾家人反对，放弃了在港前途更好的英文学校而选择在中文学校就读。1949年8月9日，卢永根在香港正式加入了中共地下党。

“科学无国界，但科学家有祖国。”卢永根常把法国科学家巴斯德的名言挂在嘴边。改革开放后，卢永根曾以公派访问学者身份赴美国加利福尼亚大学戴维斯分校留学，在美期间，美国的亲人竭力说服他留下来。

“因为我是中国人，祖国需要我！”卢永根坚定地说。

最初的使命，深深地融入卢永根的血液，成为他一生中不曾动摇的信念。

近年来，因身患重病长期住院，无法正常参加支部活动，他便和夫人徐雪宾主动向华南农业大学农学院党委提出，希望学院考虑成立临时党支部，并获得了批准。临时支部每月定期开展组织生活、交纳党费，支部成员一起学习相关文件材料。

即使到了生命的最后时刻，卢永根依然不忘党员身份。卢永根去世后，他的遗孀徐雪宾女士，将用信封装好的1万元交给学校党委。这是卢永根生前嘱托转交的最后一笔党费。

知与行
——把根深深扎在泥土里

在广袤的土地上，农民看天吃饭，如何提高水稻的育种品质？这是卢永根毕生科研的命题。

他像普通的农民一样，挽起裤腿，赤脚走在农田里，一步一个脚印地去寻找水稻的祖先“野生水稻”，跑遍了广东、海南和江西。

野生稻的收集十分困难，要么在山区，要么在荒芜的沼泽地，但卢永根从不放弃。有一次，已经70多岁高龄的他带队去清远佛冈一座荒山的山顶采集野生稻，爬到半山腰已经体力不支，但他仍然坚持要上山。

好不容易才爬到山顶，大家都累坏了，学生们也想让他先歇一歇，他却坚定地说：“找！赶紧找！”

幸运的是最终找到了宝贵的野生稻。他俯下身紧紧地握着稻穗对学生们说：“作为一名农业科学家，你必须把根深深扎在泥土里，一定要亲自察看现场，不能遗漏一丝一毫的细节。”

卢永根一生致力于水稻的遗传育种研究，长期奋斗在科学研究和高等农业教育第一线。他保存下了丁颖院士生前收集的7000多份稻种，后来逐渐扩充到1万多份水稻种质资源，成为我国水稻种质资源收集、保护、研究和利用的重要宝库之一。

卢永根在水稻遗传资源、水稻半矮生性、雄性不育性、杂种不育性与亲和性等方面的遗传研究中取得了很大进展，特别是提出水稻“特异亲和基因”的创新学术观点以及应用“特异亲和基因”克服籼粳亚种间不育性的设想，被业界认为是对栽培稻杂种不育性和亲和性比较完整和系统的新认识，对水稻育种实践具有指导意义。

浓与淡
——“布衣院士”的坦荡人生

浓浓的爱国之情，一直是卢永根心中的底色。

1984年，他在给全校学生作的一场题为《把青春献给社会主义祖国》的报告中，曾深情地说：“我为什么要摒弃比较安逸的生活，放弃个人的名利而回内地呢？主要是日本侵华战争的现实教育了我，使我觉醒到当亡国奴的悲惨。我是炎黄子孙，要为自己的祖国复兴效力。我回内地30多年来，尽管经历过不平凡的和曲折的历程。有过一帆风顺的日子，也有过身处逆境的时刻。但我坚信，是中国共产党指给我有意义的人生之路。只有社会主义祖国才是我安身立命的地方。……我打心底里热爱自己的祖国。”

他还曾改编过一首诗，表达了浓浓的爱国之情——“生命诚可贵，爱情价亦高。若为祖国故，两者皆可抛。”

浓浓的教书育人情怀，也一直伴随着他。2015年5月，他将广州花都祖辈传下来的两家商铺赠予当地罗洞小学作为永久校产，商铺租金收入全部用于学校奖教奖学；2017年3月，他将积蓄880万余元全部捐赠给华南农业大学，设立教育基金。

对于自己的生活，他却非常淡然。

卢永根始终保持着节俭朴素的作风，办公室设施简单，满室皆旧物，家中使用的是20世纪80年代的旧沙发、旧铁架床、旧电视。

他一直住在没有电梯的五楼居室，虽然年事已高，平日仍然常背个挎包、头戴遮阳帽，坐公交车出行，一旦遇上大雨，就挽起裤腿，蹚着雨水回家。

患病期间，卢永根又亲手签下了遗体捐赠志愿书。卢永根逝世后，已经按照他本人生前遗愿，丧事从简，不举行遗体告别仪式。他的遗体已无偿捐献给医学研究和医学教育事业。

《科技日报》2019 年 11 月 14 日

“布衣院士”卢永根的吝啬与慷慨

林　洁

自小接受英式教育的“香港仔”，成为年轻的革命者；他曾3次出国探亲访学，均毅然选择学成归国；87岁高龄时，捐出了积蓄880万余元；后来，还给自己办理了遗体捐献卡……

2019年8月12日4时41分，89岁的著名农业科学家卢永根院士，因病医治无效去世。去世前，他叮嘱家人“丧事从简，不举行遗体告别仪式”。

百年华农最大一笔个人捐赠

两年前，一则“87岁院士捐赠880万积蓄”的消息“刷爆”了华南农业大学（以下简称“华农”）师生的朋友圈。

2017年3月21日，卢永根院士及夫人徐雪宾教授在捐赠协议上签名，将10多个存折的存款转入华农教育发展基金会账户。187万余元的存款，加上此前转账的693万余元，卢永根夫妇共捐赠了880万

卢永根与徐雪宾确定为爱人关系后的合照

余元。后来，华农设立“卢永根·徐雪宾教育基金”，用于扶持农业教育事业。

这是截至当时华农建校以来金额最大的一笔个人捐款。“党培养了我，我将个人财产捐给国家。”在捐赠后，卢永根只说了这一句话。

很多人不知道，卢永根慷慨捐赠的背后，是近乎吝啬的节约，他家的陈设仍停留在20世纪80年代。

卢永根的学生、华农农学院副教授刘桂富说，老师家里几乎没有值钱的电器，还在用老式的收音机、台灯。年近九旬的卢永根没有全职保姆，夫妇俩都是自己打饭或做饭。

入院治疗前，卢永根总是最早来到办公室，回复邮件，拿起放大镜读书、看论文。一到中午，他就拎着铁饭盒，在饭堂和学生一起排队打饭。

很多华农的师生都曾在学校饭堂见到卢永根的身影，知道他爱吃青菜配蒸鱼。网友启贵留言说：“经常看到卢永根院士在饭堂大厅找个不起眼的位置，把打的饭菜吃得很干净。”

病房里成立临时党支部

卢永根祖籍广州花都，他1930年出生在香港的一个中产家庭，父亲是一家律师行的高级职员。卢永根自小衣食无忧，接受了良好的教育。1941 年，香港沦陷，读小学六年级的卢永根被送回广州乡下避难。在乡下时，卢永根亲眼见证了日军的凶残，也体会到战争对人民生活的影响。在乡下待了近两年，卢永根重返香港读中学。

在岭英中学，卢永根遇到了思想进步的语文老师林莽中（萧野），并经他介绍到香港培侨中学读高中。在卢永根看来，培侨中学的 3 年，是他树立人生观、世界观和价值观的重要时期，在这里，他从懵懂少年成长为坚定的革命者。1947 年 12 月，卢永根加入中共地下党外围组织新民主主义同志会，并积极开展地下活动。1949 年 8 月 9 日，19 岁的卢永根在香港加入中共地下党。高中毕业后，党组织决定安排他回内地，到岭南大学读书和从事革命工作，到广州去迎接解放。

“为什么要放弃安逸的生活回内地？主要是日本侵华战争的现实教育了我，我要为祖国复兴效力。”卢永根后来回忆起这段历史，仍然心潮澎湃。

20 世纪 30 年代，我国水稻育种领域便有“南丁（颖）北赵（连芳）”之称。在华农农学院，丁颖任院长，卢永根是首届学生。学术上，卢永根紧跟丁颖的步伐。卢永根继承了丁颖生前收集的 7000 多份野生稻种，后来逐渐扩充到 1 万多份水稻种质资源，这是我国水稻种质资源研究、利用的重要宝库之一。

师生相差 40 多岁，却成了“忘年交”。学界流传着这样一段佳话：丁颖是卢永根学术上的领路人，而在卢永根的鼓励和支持下，1956 年，丁颖以 68 岁高龄加入中国共产党。1959 年，初为人父的卢永根，给襁褓中的女儿取名为“红丁”，以纪念恩师。

“这些特殊经历，使卢永根坚定信念、坚定信仰，保持了共产党员的良好习惯。”华农农学院副院长孔琴回忆，在卢永根的要求下，作物遗传育种系党支部有一个严格规定，所有党员每月按时交现金党费、过组织生活。

由于长期住院，这位老党员主动向农学院党委申请成立病房临时党支部。2017 年 3 月，“卢永根院士病房临时党支部”成立，每个月支部成员把党和国家的重要方针政策、华农科研最新动态带到其病床前。

破格“提拔”年轻学术骨干

对祖国深沉的爱，贯穿卢永根的一生。卢永根常把法国科学家巴斯德的名言挂在嘴边：“科学无国界，科学家有祖国。”

改革开放后，卢永根到美国探望病重的母亲，并以公派访问学者身份赴美国加利福尼亚大学戴维斯分校留学。在美期间，亲人竭力劝他留下来，但被他坚决拒绝。他曾 3 次到国外探亲访学，都选择回国。众人百思不得其解，询问他为什么不选择国外优越的工作环境、生活条件，卢永根说：“因为我是中国人，祖国需要我！”

在他的感召下，一大批海外留学的人才选择回国奉献才智，与卢永根一道在水稻育种等方面耕耘。借助国外的知识和经验，卢永根大刀阔斧改革，推动了华农的跨越式发展。

从 1983 年开始，卢永根担任了近 12 年华农校长。担任校长期间，他顶住压力，破格晋升“华农八大金刚”，打开了华农人才培养的新格局。

1987 年，华农面临着人才断层的困局，职称评定上论资排辈的风气又很重。“当时很多四五十岁的老教师都没有办法晋升，提拔年轻人风险很大。”为给有能力有作为的年轻人拓展广阔天地，1986年年底，卢永根专程到北京向时任农牧渔业部部长、党组书记何康请示。得到批准后，华农在全国率先打开人才培养新格局。

卢永根仔细阅读每个人的档案，通过谈话考察每个人的品质，经系、校两级学术委员会不记名投票，再将材料寄到校外进行专家评审。这样破格晋升了8名中青年学术骨干，其中5人更是由助教直接晋升为副教授。如今，这些当年破格晋升的青年才俊已成长为政界、学界的优秀人才。

20世纪80年代末，学校发展落后，卢永根四处筹措资金，用于发展多学科和重奖人才。为表彰辛朝安教授团队对兽药开发所作的贡献，他拨出10万元高额奖励。为让优秀学者刘耀光安心，他多方筹措经费，为其建立专门实验室。

这些年，卢永根依然保持“布衣院士”的赤诚底色，保持科学家的求真求知的热情和深沉的家国情怀。

卢永根认为，“一名真正的科学家，必须是一名忠诚的爱国主义者”，“把自己的命运同祖国的需要联系在一起，把国家和人民的需要作为推动自己工作的动力”，“我的青春年华已经献给党的科教事业，我准备把晚年继续献给这个事业”。

年近九旬的卢永根，有70年的党龄。患病前，卢永根就办理了遗体捐献卡，愿将遗体无偿捐献给医学科研和医学教育事业。他表示：“捐献遗体，为党和国家最后一次作出自己的贡献。”

《中国青年报》2019年8月15日

矢志兴农　永扎深根

付　伟

2019 年 11 月 10 日，华南农业大学迎来 110 周年校庆。学校院士广场上，卢永根的雕像前又多了不少鲜花。人们用这种方式表达对这位华农功臣的深深怀念和崇高敬意。

就在 3 个月前，中国科学院院士、华南农业大学原校长卢永根走完了 89 年的人生历程，安详辞世，留下一笔笔丰厚而宝贵的科研和精神财富。作为我国作物遗传领域的著名学者，他在多个领域立下首创之功；作为一名教授、校长，他悉心育人、慧眼识人，在华南农大发展史上留下浓墨重彩的一笔，许多人以是卢永根的学生为荣；作为一名慈祥的长者，他将积蓄全部捐出，奖掖才俊，泽润后辈。

卢永根逝世后，他的名字获得了更广范围的传颂，他的敬业精神、大爱情怀、人格魅力凝铸成一座高耸的丰碑，矗立每一位华农人的心中。正如华南农业大学校长刘雅红所说：“一代代华农人坚守‘农业教育要振兴中华农业’的初心和使命，谱写了与国家同呼吸共命运、与时代同向同行共发展的壮丽篇章。”矢志兴农，永扎深根，这是卢永根光辉一生的生动写照。

学者卢永根
——育种研究走出中国“稻”路

1930年，卢永根出生于香港。第二年，九一八事变爆发。在全民族抗战的战火硝烟中，卢永根度过了他的童年和少年。1941年，香港沦陷，还在读小学六年级的卢永根被迫回到广州乡下避难。目睹离乱场景，经历颠沛生活，救国图强的强烈信念犹如一粒顽强的种子在卢永根的心中逐渐生根发芽。

1949年8月，卢永根光荣加入中国共产党，随后进入岭南大学农学院学习，开启了他与农业的一生情缘，也踏上了振兴农业、强国富民的漫漫征程。1952年，作为华南农学院（现华南农业大学）首批学生，卢永根有幸拜在著名农学家、教育家丁颖门下，自此与“稻”相伴。

20世纪70年代初，卢永根在海南崖县荔枝沟“南繁”育种时住的茅屋前

20世纪60年代初，卢永根成功划分中国水稻光温生态型和气候生态型的品种分型。70年代，卢永根将水稻矮生性遗传方式和等位关系作为研究主战场，将主要籼稻矮源分为2类4群。80年代初，他带领研究团队开展水稻质核互作雄性不育性基因分析，提出了“特异亲和基因”概念，首次构建出3个中国原生野生稻种粗线期核型。

这些作物遗传育种研究成果，奠定了卢永根在国内外学界的重要地位，也为其带来了个人成长道路上的更多机遇。改革开放后，他赴美国做访问学者。那里有他的多位亲人。不少人劝卢永根留下来发展，却被他婉言谢绝。在他看来，“虽然科学无国界，但科学家有祖国。”

只有将双脚踩在祖国的大地上，卢永根才感觉最踏实；只有将论文写在祖国的大地上，卢永根才感觉最荣耀。即使年逾古稀，他仍然带领学生翻山越岭开展野外考察，只为找到更多未被发现的野生稻种。而正是因为这份执着，卢永根在老师丁颖收集7000多份野生稻种的基础上，又找到了几千份水稻种质资源。

“伯乐”卢永根
——甘当优秀人才成长阶梯

大学之大，不在大楼，而在大师。正是深谙这个道理，卢永根将广纳英才、人尽其才，作为他在华南农业大学校长近12年任期中需要抓紧抓好的第一要务。20世纪80年代，华南农大出现人才断层，职称评定论资排辈等陈规陋习让青年学者梯队迟迟难以壮大。

针对这种局面，卢永根大刀阔斧在人才选拔和管理体制上进行改革。一批年富力强、能力突出的年轻人才获得破格晋升机会。后来成为华南农大科研中坚力量的“八大金刚”，就是在卢永根主导的这场改革中完成了职业生涯最为重要的“龙门一跃”，其中5人甚至从助教直接升为副教授。除此之外，卢永根多次通过书信等形式“三顾茅庐”，最终为华南农大延揽了包括刘耀光、温思美、彭新湘等在内的一大批优秀人才。

为人才拓宽成长空间还不够，还要能够让他们有更多切切实实的获得感，为他们提供更好科研条件和工作环境。辛朝安教授团队在兽药研发方面取得重大突破，卢永根一下拨出10万元作为奖金。在30年前，这还是个“天文数字”。刘耀光是卢永根的学生，为了能够使其安心科研，卢永根破例为他建了一座专门实验室。通过大胆改革体制机制进而激发广大科研人员的创新热情和科研成果转化的市场活力，这样的理念在华南农大深深扎根，并孕育出以“温氏模式”为代表的产学研结合成功经验。

好人卢永根
——尽捐积蓄设立教育基金

2017年3月，华南农大旁的一家银行，来了一位特殊的客户。一位耄耋老人颤颤巍巍掏出一个纸包，拿出存折，要求将里面的钱全部转到华南农业大学教育发展基金会账户。这位老人就是卢永根。存折上的880万多元，是他和老伴徐雪宾的积蓄。而今，用这笔钱设立的“卢永根·徐雪宾教育基金”，正在延续着卢永根的心愿，奖励优秀教师，资助困难学生。

然而，这并不是卢永根的最后一次捐赠。2017年年底，卢永根收到了他盼望已久的一张卡片——志愿捐献遗体纪念卡。从“育人良师”到“无语体师”，卢永根用他最后的力量诠释着一名共产党员的人生价值。

家里没有值钱电器，没有请过全职保姆，上下班不坐专车……在个人生活上，卢永根喜欢做“减法”，换来的是“种得桃李满天下，心唯大我育青禾”的“加法”。“稻谷有根，深扎在泥土；你也有根，扎根在人们心里！”这是2017年度“感动中国”人物颁奖典礼献给卢永根的深情礼赞。而在卢永根的笔记本上，留下的则是这样一段座右铭：“多干一点，少拿一点；腰板硬一点，说话响一点。”

《农民日报》2019年11月14日

永葆初心　根植沃土

王泽农

12月5日清晨，广州的天气已有一些寒意。坐落在华南农业大学昭阳湖畔的卢永根雕像基座上，摆放着一簇簇怒放的鲜花。2019年8月12日，卢永根院士走过了他不平凡的89年生命历程。作为作物遗传学家，他保存了华南地区富有特色的野生水稻基因库；作为老校长，他打开了华南农大人才培养的新格局；作为一名优秀的共产党员，他为人民无私奉献，临终前捐出了880万余元积蓄……

11月10日是华南农大110周年纪念日，12月2日是卢永根的诞辰日。这段时间，卢永根雕像前各种自发的纪念活动从未间断。华南农大党委副书记钟仰进说："他理想信念坚定，道德情操高尚，仁爱之心深厚，是深受人们爱戴的'布衣院士'。"

"你向党、向人民作过许诺、宣誓，那自己要遵守。"
——对党和祖国深沉的爱，贯穿卢永根的一生

2018年3月1日，中央电视台2017年度"感动中国"人物颁奖典礼上，卢永根已经不能来到现场。"举起右手，面向北方、延安宣

誓，为共产主义事业奋斗终生，这些还记得。中国人是守诺的，你向党、向人民作过许诺、宣誓，那自己要遵守。”他躺在病床上说出的肺腑之言让亿万观众为之动容。

祖籍广州花都的卢永根，1930 年出生在香港一个中产家庭。1941 年，香港沦陷，小学六年级的卢永根被父亲送回乡下避难。在乡下时，卢永根目睹了日寇的凶残。“亡国奴的滋味不好受啊！即使是孩子，日本兵也是稍不满意抬手就是一巴掌。从那时起，民族复兴的种子就在他心中种下了。”卢院士的夫人、华南农大教授徐雪宾说。两年后卢永根重返香港读中学，加入了中共地下党的外围组织新民主主义同志会，那几年是他树立正确的人生观、世界观和价值观的重要时期，在这里，他从一个懵懂的少年成长为一个坚定的革命者。

1949 年 8 月 9 日，卢永根在香港加入了中共地下党。“加入地下党，可能是会掉脑袋的。监誓人一再追问，个人的一切包括生命都属于党、属于人民，党和人民的利益高于一切，你是否确定？他毫不犹豫地举起了自己的右手。阿卢是个重诺的人，他答应的事就一定会办好。”徐教授深情回忆起卢永根院士生前的点点滴滴。

高中毕业后，党组织决定安排卢永根回内地，到广州去迎接解放。“为什么愿意放弃安逸生活回内地？因为他面向延安宣过誓，要忠诚于党的事业，要为祖国复兴效力。”徐雪宾表示，对党和祖国的爱，贯穿着卢永根的一生。他曾 3 次到国外探亲和访学，亲人试图说服他留下来，都被他坚决拒绝了。外国同行疑惑他何以不选择国外优越的工作环境、生活条件，卢永根说：“我是中国人，祖国需要我！”

2017 年 3 月 21 日，卢永根院士及徐雪宾教授郑重地在捐赠协议上签下名字，将 10 多个存折的 880 万余元存款转入华农教育发展基金会账户，设立“卢永根·徐雪宾教育基金”，用于扶持农业教育事业。这是华农建校以来最大的一笔个人捐款，“党培养了我，我将个人财产捐给国家。”当时，卢永根淡淡地说。

“卢老慷慨捐赠的背后是近乎苛刻的节约。”卢永根的学生、华南农业大学农学院副教授刘桂富说，他家几乎没有值钱的电器，铁架子床锈迹斑斑，挂蚊帐用的是竹竿，几把椅子都用铁丝绑过。

卢永根的秘书赵杏娟清楚地记得，在入院治疗前，卢永根几乎每天都到办公室，忙碌地回复邮件，拿起放大镜读书、看论文。一到中午，他就拎着饭盒到饭堂，和学生一起排队，打上两份饭。每份饭有一个荤菜、一个素菜和二两饭。在饭堂吃完，卢永根再将剩下的一份饭带回家给老伴徐雪宾。

早在患病前，卢永根就和夫人双双办理了遗体捐献卡，愿在身后将遗体无偿地捐献给医学科研和医学教育事业。“阿卢说，捐献遗体，是为党和国家最后一次作出自己的贡献。”徐雪宾轻声说。

卢永根逝世后，为了少给学校添麻烦，87 岁的徐雪宾主动搬离学校，自费住进了养老院。

“在那些不为人见的日日夜夜，他为学校长远发展铺就道路。”——卢永根的治校和治学理念已经融入华南农业大学的学校精神

多干一点，少拿一点；腰板硬一点，说话响一点。

——卢永根，1987 年

卢永根有个笔记本，上面写着他用来自勉的 4 个“一点”。

“这就是一名优秀共产党员、科学家和教育家身上应有的品质、责任和担当！”华南农业大学原校长陈晓阳充满敬意地说。

从 1983 年开始，卢永根担任了近 12 年华南农大校长。这期间，

他顶住压力，破格晋升“华农八大金刚”，打开了华农人才培养的新格局。

1987 年，学校面临着人才断层的困局，当时职称评定上论资排辈的风气很重，很多四五十岁的老教师都没有办法晋升，提拔年轻人风险很大。为给有能有为的年轻人拓展广阔天地，卢永根专程到北京向原农牧渔业部党组书记、部长何康请示。得到批准后，在全国率先打开人才培养新格局。

据知情者回忆，通过谈话考察，在全校副教授以上会议上进行述职，系、校两级学术委员会不记名投票，并寄到校外通过专家评审等环节，最终破格晋升了 8 名中青年学术骨干，其中 5 人更是直接由助教破格晋升为副教授，年龄最小的温思美当时才 29 岁。如今，这些当年的青年才俊分别成长为政界、学界的优秀人才。

发现人才，还要善于使用人才。敢不敢为他们提供更好的科研条件和工作环境？这在当时需要相当的勇气和魄力。辛朝安教授团队在兽药研发方面取得重大突破，卢永根一下拨出 10 万元作为奖金；刘耀光是卢永根的优秀学生，为了能够使其安心科研，卢永根为他建了一座专门的实验室。

在水稻作物研究上，华南农大走出了“一门三院士”：1955 年被誉为“中国现代稻作科学之父”的丁颖当选中科院学部委员（院士）；丁颖的学生卢永根 1993 年当选中科院院士；时隔 24 年，卢永根的学生刘耀光于 2017 年当选中科院院士。“我的成长离不开卢老师的教诲，作为他的学生我受益良多。”刘耀光表示。

身为校长，卢永根坚持着自己的治校理念，第一是学校的人才队伍和学科建设，第二是坚决抵制以学校为主体的商业行为，第三是不遗余力地进行校园环境建设。在今天看来，正是这三大理念为学校的

卢永根在华南农业大学野生稻核心收集圃接待考察人员

发展奠定了牢固的基础，卢永根的治校和治学理念已经融入华南农业大学的学校精神，而他本人，也成为师生们最宝贵的财富。

“在那些不为人见的日日夜夜，他为学校长远发展铺就道路，却从不考虑个人得失。”当年获得破格晋升的另一位华南农大原校长骆世明回忆说，在担任校长期间，卢老坚持不坐进口小车，在住房等待遇上不搞特殊，干干净净做人、清清白白从政。

“他乘飞机从来只买经济舱，寄私信都会贴上自己花钱买的邮票。”赵杏娟说，即使按规定可以享受的待遇，卢院士总是说，公家的钱能省一点是一点。

华南农大教授刘向东告诉记者，2003 年，卢永根参加在江西南昌举行的全国野生稻大会，会后继续去沈阳出差。为了节省住宿费和时间，已是 70 多岁的他选择坐夜行火车到北京，再换乘飞机到沈阳……

“坚持实事求是，提倡独立思考；不赶浪头，不随风倒；有三分事实，作三分结论。”
——卢永根严谨治学，专注水稻遗传育种，保存了华南地区富有特色的野生水稻基因库

卢永根雕像上铭刻的“坚持实事求是，提倡独立思考；不赶浪头，不随风倒；有三分事实，作三分结论”，是他搞科研的基本准则，也是这位永葆初心、矢志奋斗的“布衣院士”一生最真实的写照。

“卢院士是我最尊敬的人之一，他是我们学界的楷模，是为人的榜样。”谈及恩师，全国政协常委、华南农业大学副校长温思美感慨不已。

1965 年，卢永根回到华南农学院（华南农大前身），继续从事水稻遗传育种的教学和研究工作。他带回自己的老师丁颖院士生前收集的 7000 多份稻种，成为华南农学院开展水稻育种最宝贵的资源。经过他的多年收集，后来逐渐扩充到 1 万多份，是我国水稻种质资源收集、保护、研究和利用的重要宝库之一，也是华南地区富有特色的野生水稻基因库。刘向东说，这些种质资源，不仅本校的研究人员可以利用，同时也开放给中国科学院、复旦大学、中山大学等国内科研机构，卢老从没要求任何回报。

卢永根在 20 世纪 80 年代从细胞遗传学的角度对栽培稻种的起源进行了研究。他选择了原产中国的普通野稻、药用野稻和疣粒野稻 3 个野生稻种，对它们进行粗线期核型的研究，并与栽培稻进行比较分析，建立了中国 3 个野生稻种的粗线期核型。他的研究结果表明，中国 3 个野生稻种的粗线期核型存在着差异，其中普通野稻与栽培稻在染色体长度变化范围、相同类型和编号的染色体数目、核仁组成中心的位置以及染色粒的分布方式等方面均表现出最大相似性，从而进一

步印证了他的老师丁颖的论点，即普通野稻是中国栽培稻的近缘祖先。

因濒临灭绝且具有极高的科学和利用价值，野生稻被誉为“植物大熊猫”。卢永根院士曾多次呼吁，要拯救“植物大熊猫”。刘向东说，在野生稻资源的保护和利用上卢老一直强调“第一手”的重要性，直到70多岁，他还带着学生翻山越岭，到处寻找野生稻种。2001年，听说在广东佛冈县的一处山顶上长有野生稻。卢老不顾年迈体弱，亲自去寻找。荒山野岭根本没有路，布满荆棘，在学生们搀扶下，卢老终于攀上山顶，找到野生稻后，高兴得像个孩子一样手舞足蹈。

卢永根一生致力于水稻的遗传育种研究。20世纪80年代初期他带领团队研究水稻的杂种不育性，并和助手张桂权一起提出了水稻“特异亲和基因”的概念，以及应用“特异亲和基因”克服籼粳亚种间不育性的设想，被业界认为是目前对栽培稻杂种不育性和亲和性比较完整和系统的新认识，对水稻育种实践具有指导意义。通过不同时期的研究，卢永根弄清了多胚水稻多胚发生的细胞学机理，弄清了光温敏核不育水稻及栽培稻杂种不育性的细胞学机理，发掘出一批携带有胚囊和花粉育性基因的新种质，创建了一大批同源四倍体水稻等新种质。这些研究成果，对我国的水稻遗传育种研究具有重要意义。

祖国是建功立业的好地方。在卢永根的感召下，大批海外留学人才最终选择回国奉献才智，与他一道在水稻育种等方面研究探索。如今，我国水稻研究技术在很多领域已经世界领先。

《农民日报》2019年12月12日

心唯大我育青禾

◉ 刘　盾　方育阗　方　玮

2017 年年初，卢永根鼻子突然出血，得知罹患癌症，87 岁的他与夫人徐雪宾决定提前捐出全部积蓄。“党培养了我，我要将个人财产还给国家，作最后的贡献。”卢永根如是说。

2017 年 3 月，卢永根在夫人搀扶下来到银行，把累计 8809446 元积蓄捐给华南农大，设立教育基金，奖励华南农大农学院品学兼优的贫困学生、忠诚于教学科研的教师，以及邀请著名农业科学家来校讲座。

卢永根的“一掷千金”，让华南农大 2016 级研究生韩硕理解了卢永根夫妇的节俭。韩硕曾作为志愿者为卢永根夫妇在华南农大饭堂打饭。夫妇俩午饭一般是一荤一素，不超过 15 元，如果中午吃不完，就留到晚上吃。

这就是卢永根在“大我”和“小我”之间的抉择。

“香港仔”的家国情怀

新中国成立前，他离开家人，从富足的香港来到积贫积弱的内地。对祖国深沉的爱，贯穿他的一生。

“你具备移民条件，为什么还要留在中国？”一位美国移民局官员曾问卢永根。“因为我是中国人，祖国需要我！”他用实际行动践行了“科学无国界，科学家有祖国”这句人生格言。

卢永根浓烈的家国情怀，源于日本侵华战争的现实教育。卢永根祖籍广东花县（现广州市花都区），1930 年生于香港中产家庭，家境殷实。太平洋战争爆发后，他在颠沛流离中度过少年时期。

目睹日军的凶残，体会到了当亡国奴的悲惨，因而在广州解放前，很多巨贾大亨南下跑到香港时，他选择回到百废待兴的广州。他说：“我是炎黄子孙，要为自己的祖国复兴效力。”

对祖国深沉的爱，贯穿卢永根一生。他曾 3 次到国外访学，在异国丰厚的物质生活面前，他选择学成归国。甚至在家庭亲情面前，卢永根内心的天平也倾向祖国。他曾到美国照顾病重的母亲一个月，在美的兄长竭力劝他留下，他最终也没有动摇。

卢永根不但坚信只有祖国才是他安身立命的地方，还感染带动身边人奉献祖国。华南农大研究生院常务副院长的彭新湘，1992 年在菲律宾国际水稻研究所深造时，收到卢永根的亲笔信，希望他学成归来，奉献祖国。

当时彭新湘正为留菲发展还是回国就业而举棋不定。在国际水稻研究所，他每月能领到 1100 美元，还有机会跳槽到美国等发达国家。而当时回国收入低，科研条件差，连实验台都是水泥砌的。

卢永根一行行娟秀的钢笔字，重如千钧。彭新湘等一大批人才最终选择回国奉献才智，与卢永根一道在水稻育种等方面拼命赶超。如今，我国水稻研究技术在很多领域超过了国际水稻研究所。

“是中国共产党指给我有意义的人生之路。”1947 年 12 月，卢永根加入了新民主主义同志会。1949 年 8 月，他加入了中国共产党。自此，卢永根自觉地把自己的前途命运和祖国紧密相连。住院后，卢永根希望继续过组织生活。2017 年 3 月，华南农大成立了卢永根院士病房临时党支部，每月支部成员把党和国家重要方针政策等带到他的病床前。

惜才爱才的伯乐

本可以在校长任上四平八稳，卢永根却顶住压力，破格晋升青年才俊，开风气之先。

1990 年，彭新湘在花县花山镇开展科技扶贫时，突然收到国际水稻研究所信函，邀其到该所博士后流动站。

“喜从天降。”彭新湘后来得知，正由于他在华南农大读博期间发表了 3 篇一级学报论文，卢永根倾力推荐他去国际水稻研究所学习。

卢永根不仅在国内发掘人才，而且到国外网罗高端人才。1983 年，卢永根到康奈尔大学考察访问。广东省政协副主席、华南农业大学副校长温思美当时正在该校读硕士。通过多次接触，卢永根颇为赏识科研冒尖、基础扎实的温思美，主动邀请他回国工作。当温思美犹豫不定，没及时回复卢永根第一封邀请信时，第二封信就来了。卢永根求贤若渴的热情，打动了温思美。1985 年，他回国到华南农大任教。

卢永根还努力为人才打造干事创业的良好环境。1987 年的华南农大面临着人才断层的困局，职称评定上论资排辈的风气又很重。为给有能有为的年轻人拓展广阔天地，1986 年年底，卢永根专程到北京向原农牧渔业部党组书记、部长何康请示。得到批准后，华南农大在全国率先打开人才培养新格局。

当时很多四五十岁的老教师都没有办法晋升，提拔年轻人风险很大。卢永根仔细阅读每个人的档案，通过谈话考察每个人的品质，在100多人的全校副教授以上会议上进行述职，系、校两级学术委员会不记名投票，并寄到校外进行专家评审。

最终，骆世明等3人从讲师晋升为副教授，罗锡文等5人从教员或助教破格晋升为副教授，年龄最小的温思美当时才29岁。如今，8个当年被破格提拔的年轻学者已成为各自领域的佼佼者，被称为“华农八大金刚”，其中包括全国政协副主席罗富和、中国工程院院士罗锡文、抗击“非典”和禽流感战役中的科研英雄辛朝安、华南农大原校长骆世明等。在卢永根精神的感召下，华南农大广纳人才，不拘一格使用人才的风气一直延续至今。

为了举荐英才，卢永根不怕得罪人。评选珠江学者时，部分专家对年轻学者邓诣群参选有异议，认为他回国不久。“从康奈尔大学学

卢永根同荷兰瓦赫格宁根农业大学校长签署两校学术交流协议

成归国，已是爱国表现，哪能以回国时间长短论成败？”卢永根力排众议。事实证明卢永根并未看错人，邓诣群很快成长为科技创新领军人才，参与、主持国家重点基础研究发展计划（“973”）课题等重大项目，为国内农业发展作出诸多贡献。

卢永根还在生活上关爱人才。温思美刚到华南农大工作时，卢永根给他 100 元安置生活，这对当时工资仅有几十元的他来说是一笔巨款。博士生刘向东到香港大学做研究，卢永根主动借其 1500 元，还把自己用的两个行李箱、一套新西服送给他。

坚守原则的“布衣院士”

他横眉冷对商业化，训斥走关系的亲戚，将对党和祖国的忠诚化作两袖清风。

“再不拿回去，我就找你领导，让你丢饭碗。”卢永根大发雷霆，吓得一位上门求他办事的年轻教师停下步伐，并拿回手表。

原来该教师和爱人两地分居，他希望卢永根把爱人调到华南农大，卢永根答应按照程序办理。为表达感谢，该教师冷不防往卢永根兜里塞了块手表，却不料被狠狠批评了一顿。

温思美目睹这一幕，他深知正是由于卢永根讲原则、重规矩，学校里没人敢送他东西，也没人敢请他吃饭，“他会当场拒绝，还让你下不了台”。

卢永根对待亲人要求更严格。一个做工程的亲戚来走后门，被他骂了回去，“只要我在一天，你就一天不要进华农大门。”他在位时，老家人从没沾过光，亲戚们对他颇有意见。

他管得最严的还是自己。在校长任上，卢永根坚守原则，不坐进口小车，在住房等待遇上不搞特殊。

卢永根作为专家学者也是如此，不图虚名不图利。从2004年开始，不愿当“挂名博导”的他主动停招学生，改为协助自己的学生辈带研究生。

卢永根是国务院学位委员会委员、学科评议组召集人。部分高校和科研单位打听到他是评委时，就四处公关。曾有人找到华南农大发展规划处处长、卢永根弟子庄楚雄说情。“找卢老师没用，歪门邪道只会适得其反。”庄楚雄明确告诉来访者，卢永根只看实力。

身为中科院院士，卢永根也从不越位。他认为院士只是某一领域的权威，并非什么都懂。他更不允许别人打他的旗号跑项目、要课题。

前几年，华南农大为院士配了专车，但庄楚雄经常看见卢永根背着双肩包挤公交，“没生病前，卢老师常拿着半旧的饭盒，与学生一起排队打饭，成为校园内活生生的‘教材’。”

《中国教育报》2018年1月5日

“布衣院士”卢永根：勤俭爱国　奉献一生

钟　哲

9月的紫荆园，阳光和煦温暖。在华南农业大学院士广场的卢永根院士雕像前，三五成群的学生默默献上鲜花，纪念这位刚刚离开的老校长。

卢永根长期从事作物遗传学的教学和研究工作，保存了华南地区富有特色的野生水稻基因库。罹患癌症后，他将积蓄880万余元无偿捐献给华农，设立了教育基金，用于奖励贫困学生与优秀青年教师。

8月12日，卢永根因病医治无效逝世，享年89岁。根据生前遗愿，他的丧事从简，不举行遗体告别仪式，遗体于当天无偿捐献给医学研究和医学教育事业。

传承水稻“宝库”，动员学者归国

“卢院士对科学实事求是，学风严谨，生活简朴，淡泊名利，晚年将毕生积蓄捐赠学校，反哺社会。这种奉献精神对我们是很大的激励。”曾受教于卢永根的中国科学院院士刘耀光说，当年他赴日本留学后，卢永根接二连三写信动员他回国。最终，刘耀光回到华农潜心科研，成为学术大家。

卢永根出生于1930年的香港，在抗日战争时期，战争的残酷让卢永根的民族意识开始觉醒。在香港培侨中学的3年学习中，他树立了正确的人生观、世界观和价值观，逐渐成长为一个坚定的革命者。

1952年，作为华南农学院的首批学生，卢永根在这里遇到了我国著名农业科学家、教育家丁颖。

他继承了丁颖生前收集的7000多份野生稻种，后来逐步扩充到1万多份水稻种质资源，这成为我国水稻种质资源收集、保护、研究和利用的重要宝库之一。

20世纪80年代初，他带领团队研究水稻的杂种不育性，并和助手张桂权一起提出了水稻“特异亲和基因”的概念，以及应用“特异亲和基因”克服籼粳亚种间不育性的设想，被业界认为是目前对栽培稻杂种不育性和亲和性比较完整和系统的新认识，对水稻育种实践具有指导意义。

作为一名老党员、老教师，卢永根以他的一腔爱国之情教育和感染了身边无数人。

改革开放后，卢永根到美国探望病重的母亲，亲人竭力说服他留下来，但被他坚定地拒绝。

“我是中国人，祖国需要我！”

从1983年开始，卢永根担任了近12年华农校长。其间，他打破学校面临的人才断层困局，给有能为的年轻人拓展了广阔天地。一大批优秀的青年科技人才在他的感召下，放弃国外的优渥生活回到祖国，成长为各自研究领域的中坚力量。

华农副校长温思美回忆，1984年偶遇卢永根后两人多有深谈，卢永根力邀其毕业后回国工作。“正是卢院士对国家民族的热爱，以及为人为学的人格魅力吸引我来到华农。”

为教育事业捐尽有用之躯

2017年3月，卢永根及夫人徐雪宾将积蓄合计8809446元全部捐赠给华农，成立“卢永根 · 徐雪宾教育基金”，用于扶持农业教育事业。这是当时华农建校以来金额最大的一笔个人捐款。

在慷慨捐赠的背后，是卢永根坚守一生的节约。他家里几乎没有值钱的电器，还在用老式收音机、台灯；没有全职保姆，过去常常在学校食堂与学生们一起排队打饭。

对党和国家坚定不移的理想信念，以及对自己近乎严苛的要求，在卢永根的人生中一以贯之。

他的秘书赵杏娟回忆：“卢院士发表的文章、发言稿、学术报告等都是他自己去收集材料、起草的。我根据他的要求整理后，他会认真修改文章的排版布局，反复推敲用词造句，连一个标点符号都不放过。”

卢永根坚决不同意学校派专车接送他上下班，坚持走路，因私出行则会选择坐公交车；出差搭飞机时，他都是买经济舱；患病住院期间，他也要求秘书用公交车和地铁出行；在办公室自备邮票，私人信件绝不花费公家一分钱。

有人发现，他在笔记本的扉页上题字自勉：多干一点，少拿一点；腰板硬一点，说话响一点。

“种得桃李满天下，心唯大我育青禾。是春风，是春蚕，更化作护花的春泥。热爱祖国，你要把自己燃烧。稻谷有根，深扎在泥土。你也有根，扎根在人们心里！”2018 年 3 月，卢永根获评 2017 年度“感动中国”人物。

早在患病前，卢永根就办理了遗体捐献卡，在身后将遗体无偿地捐献给医学科研和医学教育事业。他说，作为共产党员，捐献遗体是为党和国家最后一次作出自己的贡献。

《南方日报》2019 年 9 月 29 日

舆论·反响

把报国之志融入本职工作

张　烁

一心向党、一生爱国、一身正气、一生恭俭。华南农业大学原校长、中国科学院院士、著名水稻遗传学家卢永根走了，不留财产、遗体、墓碑，走得干干净净、坦坦荡荡。在深入学习贯彻党的十九届四中全会精神，深入开展“不忘初心、牢记使命”主题教育之际，中宣部追授卢永根“时代楷模”称号。卢永根的感人事迹，在全社会引起热烈反响。

入党70年来，卢永根始终对党和国家忠诚不渝、矢志奋斗。大家纷纷表示，要深入学习卢永根永葆初心、至诚报国的可贵精神和高尚情操。

北京农学院植物科学技术学院副院长韩莹琰说：“从捐出全部积蓄设立教育基金，到办理遗体捐献手续，无一不彰显着先生的爱党情、爱国情。先生走了，但他的精神将始终给我们以启迪。”“卢院士出生在香港，他对祖国的忠诚与热爱，值得我们这一代香港青年学习！”广州中医药大学第一临床医学院2017级中医学本科生郑湘来自香港，读了卢永根的事迹，感慨万分。

卢永根始终站在科学研究第一线，长期奋战在高等农业教育最前沿，为国家农业发展作出了卓越贡献。大家纷纷表示，要认真学习卢永根开拓创新、勤奋耕耘，勇担重任、甘为人梯的精神，踏踏实实地干好本职工作。

作为一名科研工作者，中国农业大学农学院水稻研究中心博士生导师张战营表示，要学习卢院士以强农兴农为己任的品质，把国家亟待解决的问题作为自己的研究方向。广州市从化区农业技术推广中心的高级农艺师邓彩联说："我们要像卢院士那样，刻苦钻研、积极创新，为推进农业农村现代化作出新的更大贡献。""身为农科院校的大学生，我们肩负着发展农业的重大使命。"北京农学院植物科学技术

卢永根参加广东省院士活动时在湛江湖光岩与一群小学生在一起

学院2018级园艺一班的张丹表示，要更加努力地学习知识、打牢根基，用实际行动向卢院士学习。华南农业大学数学与信息学院院长黄琼表示自己要学习卢永根留下的宝贵精神财富，为国家贡献绵薄之力。

卢永根艰苦朴素、无私奉献，始终坚持共产党员勤俭节约的优良作风，是一位情操高尚的道德模范。大家纷纷表示，要深入学习卢永根淡泊名利、无私奉献的品德。

就读于广州市花都区花城街罗洞小学的何依乔，依然记得卢爷爷来学校捐赠时的情景。“卢爷爷说，只有你们努力学习，国家才能变得更强大。”何依乔说，自己一直把这句话记在心里，要踏踏实实地学知识、长本领，不辜负卢爷爷的期望。中国农业大学选调生、陕西省渭南市临渭区阳郭镇灵阳村第一书记侯增琦，读了卢永根事迹后深受触动：“要向卢院士学习，勇担‘解民生之多艰’的重任，用青春和知识为国家发展贡献力量”。西藏自治区拉萨市堆龙德庆区乃琼镇人民政府一级科员曹翔宇说：“要学习卢永根心有大我的品德，正确处理‘舍’与‘留’的关系，更好地担负起新时代赋予的使命。”

《人民日报》2019年11月22日

从香港娃到爱国科学家

刘大江　刘宏宇

他出生在香港，后来扎根内地，兴农报国，把保障国家粮食安全的论文抒写在广袤大地上。他的一生，饱含着对祖国最深沉的大爱。

在深入贯彻党的十九届四中全会精神、开展“不忘初心、牢记使命”主题教育之际，中宣部追授中科院院士、华南农业大学原校长卢永根“时代楷模”称号。新华社 11 月 13 日播发通讯《卢永根院士：赤诚抒写“我和我的祖国”》，深入报道卢永根院士的感人事迹，引发社会各界强烈反响。

一个“不忘初心、牢记使命”主题教育典型

卢永根院士的事迹，在华南农业大学引起巨大反响。

华南农业大学马克思主义学院副教授李仕燕说，在卢永根院士的一生当中，有至少 4 次重大选择：第一次是在中学时期，他选择了一种信仰；第二次是在考大学时，他选择了一个国家；第三次是工作之后，他选择了一份事业；第四次是生命最后，他选择了一种告别。每个人的人生都会有选择题，卢永根院士用他一生的选择，给予我们启

发，照亮我们前进的方向。

“卢院士是一名纯粹的共产党员，他的人生看似平凡，实则轰轰烈烈。他触动我们去反思，人生要追求的到底是什么？”华南农业大学党委组织部副部长胡东生说。

华南农业大学党委书记王斌伟说，中宣部追授卢永根同志“时代楷模”荣誉称号，这既是对卢永根同志的高度褒扬，也是对全校师生员工的极大鼓舞。我们将结合正在开展的“不忘初心、牢记使命”主题教育，掀起学习卢永根同志“时代楷模”精神的新高潮，激励和引导全校干部师生员工，以闻鸡起舞、日夜兼程、风雨无阻的精神状态，继往开来、守正创新，开创华南农业大学建设具有鲜明农业特色的世界一流大学的新局面。

华南农业大学党委副书记、校长刘雅红说：“老校长获得‘时代楷模’殊荣，我们倍感振奋。我们要从自己做起，从本职岗位做起，学习他永葆初心、矢志报国、永远奋斗、勤俭奉献的宝贵精神，学习他把个人理想融入党和国家事业，为党和人民的事业奋斗终生、献出一切的爱国情怀和崇高追求。”

一本生动的爱国主义“教材”

卢永根院士的事迹感动了很多在内地求学的香港学子。

“卢永根院士将自己的一生奉献给了党和祖国，为我们树立起一面旗帜，为我们当代青年指引了方向。”来自香港的暨南大学经济学院 2017 级投资经济学专业学生张祖翰说，从家境殷实的香港娃到简朴至极的“布衣院士”，卢院士执着的科研精神、崇高的道德品质以及高尚的爱国情操都深深触动了我。他放弃香港、美国优越的生活条件，回到祖国从事艰苦繁重的科研工作，接手老师未完成的研究并继续传承……卢院士的事迹点燃了我们内心的爱国主义火焰，我们更加坚信“一国两制”，决心为实现中华民族伟大复兴的中国梦贡献自己的青春力量。

来自香港的暨南大学管理学院 2017 级市场营销专业学生苏铭枫说：“在了解卢永根院士的事迹后，内心无比感慨，尤其敬佩他深厚的家国情怀。我们也决心为祖国的发展贡献绵力。当前，香港面临止暴制乱、恢复秩序的关键时刻，我们都应该像卢院士一样，做一名爱国主义者。”

一种传承“卢永根精神”的力量

卢永根院士生前把积蓄 880 万余元无偿捐献给华南农业大学，设立教育基金，用于奖励贫困学生与优秀青年教师。他还把市值超百万元的两个祖上的商铺无偿捐赠给广州市花都区罗洞小学，用租金设立基金奖励教学。罗洞小学老师卢敏玲说，我被卢院士的人生追求与人格魅力打动，这种奉献精神对我们是很大的激励，我们一定要把他的精神传承下去，用自己的正能量与行动去感染和影响周围的人。

“‘种得桃李满天下，心唯大我育青禾’，卢永根院士用无言的行动诠释了人生的意义。”广州市从化区农业技术推广中心副主任、高级农艺师邓彩联说，我们要把他的崇高精神落实到具体行动中去，像他那样对党忠诚，不忘初心、牢记使命、永远奋斗；像他那样情操高尚，甘于奉献、淡泊名利，用模范行动展示共产党员的人格力量。

南方科技大学理学院党委书记、副院长何佳清说，卢永根一生坚守赤诚报国的信仰，他淡泊名利，以“布衣院士”的形象，印证着一名爱国知识分子的初心。我们要在卢永根精神的感召下，立足本职岗位，坚守立德树人初心，用科学报国的情怀、改革创新的精神，为粤港澳大湾区和深圳建设中国特色社会主义先行示范区培养高素质拔尖创新人才，贡献自己的力量。

新华社广州 2019 年 11 月 17 日电

让稻香飘遍祖国大地

王忠耀　吴春燕

中科院院士、华南农业大学原校长卢永根被中宣部追授“时代楷模”称号的消息传回他长期工作生活的广东后，在初冬的岭南大地引发了热烈反响。广东各界，尤其是来自高校和农业农村系统的党员干部们，追忆着“布衣院士”矢志报国的初心，坚定了自己在新时代干事创业的信心。

恰逢华南农业大学建校110周年，消息传来，让学习、工作于这所卢院士倾注一生心血高校的同学和老师们更添激动和感慨。“岁月更替，精神永恒。学习卢永根院士精神，就是要学习他的爱国情怀，将个人理想融入民族复兴的伟大事业；就是要学习他胸怀坦荡，做一个纯粹的、高尚的、大写的人；就是要学习他一生勤俭甘愿奉献，燃烧自我的蜡烛精神；就是要学习他爱岗敬业，为人民的事业奋斗终生的爱国情怀。”“长江学者奖励计划”青年学者、华南农业大学农学院教授王少奎说。

“安于清贫，是卢院士一生的写照；不忘初心，是卢院士终生的信仰。回望卢永根的奋斗历程，他爱国、爱校、爱民，坚定地继承和发扬了‘丁颖精神’，一心追求和实现作为一名共产党员、一名科学家的崇高境界和远大理想。他早已把科教工作当作毕生的事业，倾注了全部热情和心血，勇攀高峰而不慕虚名。”华南农业大学工程学院2018级硕士生丁允贺表示，作为一名当代大学生，他会努力学习老校长始终把自己的命运同国家的需要联系在一起，为实现伟大的中国梦贡献自己的一份力量。

“卢永根院士一生报效祖国，对祖国深沉的爱、对学科炽热的情感，贯穿一生。生活中节俭朴实，是‘布衣院士’，毕生积蓄回馈教育事业，他以‘科学无国界，科学家有祖国’的爱国情怀献身农业科研和教育。卢院士的事迹激励着我更加努力，以卢院士为榜样，践行人民教师的光荣与责任。”谈到如何将卢永根院士的精神与高校教师的工作实践相结合时，暨南大学药学院中药及天然药物研究所所长、全国模范教师高昊动情地说。

卢永根在水稻试验地指导博士研究生

在日前刚刚结束的广东省“时代新人说——我和祖国共成长”演讲大赛总决赛上，来自华农外国语学院的辅导员党林夕以《七十载党龄的院士情怀　永不褪色的坚定信仰》为题，向大家讲述了卢永根院士的故事，感染了现场众多观众。“卢院士是我们华农人学习的榜样，也是每一位共产党员学习的榜样。对于我来说，我将继续讲好卢永根院士的先进事迹，让他的精神成为弘扬爱国主义和社会主义核心价值观的火种，生生不息，代代相传。”党林夕表示，在讲述院士故事的同时，自己也找到了值得为之奋斗的人生方向。

作为一名奋斗在基层的农业系统工作者，来自江门市农业科学研究所的张文芝认为，身为农业系统工作者，在被这样心怀家国、品德高尚、节俭朴素的学界泰斗深深感动之余，更应该学习大师的奉献精神，时刻不忘毕业时的初心，扎扎实实做好本职工作，更好地服务农民，服务农业，在农业基层平凡岗位上发挥自己的光和热。

与张文芝怀有同样想法的，还有肇庆市农业农村局干部李向阳。“对于我来说，作为奋战在基层‘三农’工作一线的党员干部，我们唯有立足岗位，切实增强工作的主动性和创造性，积极作为，努力推动工作再上新台阶，为‘三农’事业作出贡献。”

《光明日报》2019 年 11 月 16 日

评论·观点

甘为育人“铺路石”

桂从路

如何涵养一个国家的创新活力？既做科技创新的开拓者，又做提携后学的领路人，无数科学家用坚定行动给出答案。

著名实验物理学家钱三强服从党和国家的需要，将主要精力投入科学组织中，他领导的原子能所成为人才辈出的科技大本营。地球物理学家黄大年回国后，根据学生不同情况采取个性化培养模式，学生喜欢什么就努力传授什么，学生哪方面有潜力就着重去挖掘……一代代优秀科学家，不仅鞠躬尽瘁勇做科技浪潮的争渡者，也甘为人梯、奖掖后学，为我国科技发展事业兴旺、人才辈出筑就坚实道路。

“一年之计，莫如树谷；十年之计，莫如树木；终身之计，莫如树人。”习近平总书记曾引用这句古语，强调要把人才资源开发放在科技创新最优先的位置。今日之中国，正朝着世界科技强国的目标阔步前行。越是对人才需求迫切，就越要按《关于进一步弘扬科学家精神加强作风和学风建设的意见》所要求的，“大力弘扬甘为人梯、奖掖后学的育人精神”。“种得桃李满天下，心唯大我育青禾”。广大科技工作者肩负起培养青年科技人才的责任，慧眼识才，言传身教，不断发现、培养、举荐人才，为拔尖创新人才脱颖而出铺路搭桥，一定能培养造就一支规模宏大、结构合理、素质优良的创新型科技人才队伍。

科学事业是接力事业，建设世界科技强国是一场接力跑。只有薪火相传才能推动科学事业拾级而上、登高望远。特别是，许多重大科研项目周期长、跨度大，广大科技工作者主动当好“铺路石”和领路人，做好传帮带，跑好接力跑，意义不言而喻。著名作物遗传育种学家卢永根院士担任大学校长时，致力于破解人才断层困局、破除论资排辈风气，甚至在罹患重症之际，还捐出积蓄，奖励贫困学生与优秀青年教师。心意之深，眼光之远，令人感佩。大力弘扬育人精神，一方面要放下身段潜心育人，为学生的成长成才搭梯子，另一方面也要坚决破除论资排辈的陈旧观念，打破各种利益纽带和裙带关系，营造人尽其才、人才辈出的公平环境，为人才施展才华提供更加广阔的天地。

科学事业的未来属于年轻人，大力弘扬育人精神就要善于发现培养青年科技人才，确保科技工作活水涌流、基业长青。“桐花万里丹山路，雏凤清于老凤声。”航天报国的嫦娥团队、神舟团队平均年龄是 33 岁，北斗团队平均年龄是 35 岁，大批青年科技人才在重大科研任务中“扛大旗”“挑大梁”，见证科学事业“江山代有才人出”。置身新一轮科技革命浪潮，面对日趋激烈的科技竞争态势，年轻的冲劲不可或缺。这就要求广大科技工作者要经常用欣赏和赞许的眼光看待青年的创新创造，把发现、培养青年人才作为一项重要责任，敢于放手、支持青年人才在重大科研任务中担当大任。青年英杰数不胜数，青春光芒恣意绽放，是国家创新活力之所在，也是科技发展希望之所在。

马克思说过，“科学绝不是一种自私自利的享乐，有幸能够致力于科学研究的人，首先应该拿自己的学识为人类服务”。科技工作者在潜心研究的同时肩负起人才培养的使命，把发现、培养青年人才作为一项重要责任，在创新实践中发现人才、在创新活动中培育人才、在创新事业中凝聚人才，中国的科技建设一定能蒸蒸日上，创造更多辉煌。

《人民日报》2019年7月4日

卢永根就是一面镜子

■ 刘宏宇　刘大江

作为一名共产党员，“时代楷模”、华南农业大学原校长卢永根院士用他的精彩一生，回答了“人生的意义”这个大问题，为后人留下宝贵的精神财富。

卢永根的人生就是一面镜子，可以照鉴我们每个人的心灵。

87 岁，将几乎毕生积蓄 880 万余元捐赠给教育事业；89 岁，将遗体无偿捐献给医学事业；一生，无私奉献给中国水稻科研事业。卢永根将捐献遗体看作是作为院士“最后的科普工作”，作为一名彻底的唯物主义者最后的坚守和信仰，作为一名共产党员的最后贡献。

严于律己，公私分明。他出行坐公交，吃饭在食堂。家中的摆设，还停留在 20 世纪 80 年代。即使当了校长，他也坚持不坐进口名牌小车，在住房等待遇上不搞特殊。

人生的境界与追求，来自党性的修养。在卢永根身上，党性既真实，又耀眼。他用自己的无言行动，展现了党性的强度和纯度，诠释了党性的力量，为新时代共产党员的修养树立了榜样。

他办公桌上的一个笔记本扉页，写着用来自勉的 4 个“一点”：多干一点，少拿一点；腰板硬一点，说话响一点。这 4 个“一点”，

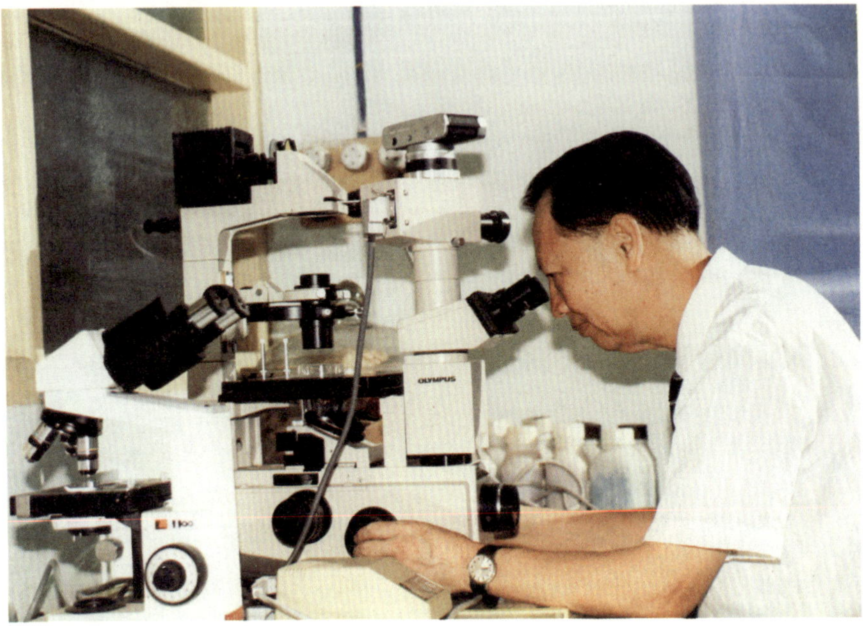

卢永根在实验室进行显微镜观察

是一名共产党员大公无私的写照，也为他人提供了一种参照。

卢永根的人生就是一面旗帜，可以引领我们每个人的人生方向。

他出生在香港一个殷实的中产家庭，在人生的青春阶段，感受了祖国的痛苦和呻吟，国家的苦难震撼了这个“香港仔”的心，他下决心为振兴中华而奋斗。他坚信，祖国是他安身立命的地方，他打心底里热爱祖国。

自 1949 年 8 月 9 日，他在香港举起右拳，面向北方，庄严宣誓加入中国共产党。至 2019 年 8 月 12 日去世，卢永根入党整整 70 年。他始终不忘初心，对党忠诚，用自己的一生践行了入党誓言。

从一个“香港仔”到一个坚定的共产党员，卢永根挺起了共产党人的精神脊梁，这也是最值得人们学习的地方。他促使人反思在物质与精神之间的抉择，为解决好世界观、人生观、价值观这个“总开关”问题提供了参照，为年轻人提供了标杆。

淡泊名利，学有专长。他在水稻遗传育种研究领域研究了一辈子，长期从事作物遗传学的研究和教学工作，在水稻遗传资源、雄性不育性与亲和性等方面的遗传研究，取得了很大成就。他总是告诉学生，我国水稻栽培历史悠久，是世界上最古老的产稻国，对世界农业的发展作出过重大的贡献，理应将祖先留给我们的遗产研究好。

他说，一名真正的科学家，必须是一名忠诚的爱国主义者，要把国家和人民的需要作为自己工作的动力。

新华社广州 2019 年 11 月 13 日电

胸怀“大我”，情系土地

周世祥

一边是国外优越的科研、工作、生活条件，一边是恩师丁颖先生毕生收集托付给他的 7000 多份水稻种质资源。卢永根选择了留下，因为“我是中国人，祖国的建设需要我！”

如何提高水稻的育种品质，这个科研命题，让卢永根花了毕生时间来思考。他像普通的农民一样，挽起裤腿，赤脚走在农田里，一步一个脚印地去寻找水稻的祖先野生稻。为什么？因为他有科研求真的恒心。

他担任华南农大校长期间顶住压力，破格提拔青年才俊，以破解人才断层困局，改变论资排辈风气，打开了学校人才培养的新格局。为什么？因为他有为党育人、为国育才的忠心。

他的家中陈设仍停留在 20 世纪 80 年代，年过七旬每天仍自己到食堂打饭，简朴一生的他却毫不犹豫将自己的积蓄 880 万多元尽数捐出，献给他钟爱的农业教育事业。为什么？因为他有无私奉献的爱心。

赤脚耕耘大地，卢永根不在乎名，不在意利，但求这一生过得有意义。扎根田里乡间，卢永根不顾得累，不害怕苦，只求育得青禾，苍生饱暖。

习近平总书记指出，科学研究既要追求知识和真理，也要服务于经济社会发展和广大人民群众。广大科技工作者要把论文写在祖国的大地上，把科技成果应用在实现现代化的伟大事业中。“中国人的饭碗任何时候都要牢牢端在自己的手上。”“要扛稳粮食安全这个重任。”

心唯大我育青禾。正是因为像卢永根这样的一代代科学家舍弃“小我”而执着于“大我”，怀抱一颗质朴至极而又难能可贵的恒心、爱心、忠心奋力拼搏；一批批农业科研工作者躬身于田野乡间，将论文写在中国的土地上；广大科技领域工作者不忘初心，发扬追求真理、服务国家、造福人民的优良传统，农民在丰收时的笑容才会如此灿烂，粮食安全的红线才会被牢牢守卫，“苍生俱饱暖”的全面小康梦才会日益接近，建设世界科技强国的号角才能响亮吹奏。

在给予他们崇高礼赞的同时，社会也应为他们营造更好的科研制度环境，破除“五唯”，让领衔科技专家有更大的技术路线决策权、经费支配权、资源调动权，让他们的科研才华得以尽情发挥，科研抱负得以尽情施展，助力科技强国梦更早实现。

《光明日报》2019 年 11 月 14 日

但求一生有意义

郑 杨

“您彰显了中科院院士称号的荣誉所在。”中科院院长白春礼曾在致卢永根的慰问信中这样肯定他一生的功绩。一心向党、一生爱国、一心治学、一世恭俭。终其一生，卢永根都在追求人生的意义。他用毕生的言行向世人诠释了一位老共产党员、老科学家、老教育工作者科技报国的赤诚之心。

信仰认定了就要信上一辈子。卢永根 1949 年在高中时期就加入了中国共产党，入党 70 年，从在香港从事地下党活动的热血青年，到毅然从美国回国的科研骨干，再到躺在病房参加临时党支部活动的风烛残年老人，他始终坚定永不褪色的信仰，始终践行入党初心。正如他在一场题为《把青春献给社会主义祖国》报告中的深情表白：“我为什么要摒弃比较安逸的生活，放弃个人的名利而回到内地呢？主要是日本侵华战争的现实教育了我，使我觉醒到当亡国奴的悲惨。我是炎黄子孙，要为自己的祖国复兴效力。我回内地 30 多年来，尽管经历过不平凡的和曲折的历程。有过一帆风顺的日子，也有过身处逆境的时候。但我坚信，是中国共产党指给我有意义的人生之路，只有社会主义祖国才是我安身立命的地方。”

童年时代的卢永根（左一）与父亲和哥哥

农业科学家就要把根深深扎在泥土里。卢永根一生谨记父亲“身劳苦学”的亲笔家训，一生赤脚耕耘大地、奋战在水稻遗传育种研究第一线。作为我国著名的作物遗传学家，他数十年如一日潜心治学，勇于创新，提出了水稻“特异亲和基因”新观点，培育了30多个水稻及其他作物新品种，累计推广面积1000多万亩，为解决农民“靠天吃饭”难题挥洒汗水、贡献智慧。同时，他心系国家教育事业，从教半个世纪以来，以甘为人梯、提携后学的大家风范，育得桃李满天下。在担任华南农业大学校长期间，他殚精竭虑，开创人才培养新格局，为拔尖人才脱颖而出作出了重要贡献。

无论多少光环加身也要保持“布衣”底色。卢永根一生从院士到校长，从“全国模范教师”到“感动中国”年度人物，身上有无数光环，却始终保持“布衣院士”的赤诚底色。“多干一点，少拿一点；腰板硬一点，说话响一点。”这是他在笔记本扉页上所题的自勉。“满室皆旧物，布衣好耕读。积蓄八百万，捐赠不迟疑。”这是对他的真实写照。他用节俭朴素和慷慨捐资的鲜明对比，向世人展示了院士群体“先天下之忧而忧，后天下之乐而乐”的深厚情怀。

“稻谷有根，深扎在泥土。你也有根，扎根在人们心里。”在卢永根获评“感动中国”2017年度人物时，这句颁奖词打动了无数人。卢永根矢志报国的崇高理想、勇于创新的科学精神、淡泊名利的人生态度，向社会传递着巨大的正能量，它必将激励更多科技工作者投入科技报国的征程，将激励无数后辈投入奋力实现中华民族伟大复兴中国梦的征程。

《经济日报》2019年11月14日

一滴水珠融入大海就永不干涸

龙跃梅

人的一生，有很多选择。卢永根的选择，展现了不忘初心、牢记使命，为国家奋斗、为事业拼搏、为社会造福的高尚人生。

一滴水珠只有融入江河大海，才能永不干涸。一个人的力量是渺小的，但是融入国家就有无穷的力量。卢永根目睹过国家积贫积弱，看到过国破家亡，坚定地把个人理想融入党和国家的事业中，为国家发展、科技的进步贡献出了自己惊人的力量。

“初心易得，始终难守。”“善始者实繁，克终者盖寡。”比初心更为重要的是不忘初心、坚守初心。纵观卢永根的一生，他秉持着坚定的信念，朝着一个目标去努力，在本职岗位上兢兢业业，不断攀登水稻遗传的科研高峰，不断为事业拼搏、为社会造福，久久为功，最后成就了自己的精彩人生。

卢永根没有荡气回肠的惊人之举，但有着“天下兴亡，匹夫有责”的家国情怀；卢永根没有曲径通幽的科研秘诀，但有着“精诚所至，金石为开”的科学精神；卢永根没有惊天动地的豪言壮语，但有着“桃李不言，下自成蹊”的榜样力量。

《科技日报》2019 年 11 月 14 日

在榜样的感召下前行

王泽农

大音希声，大爱无疆。

卢永根院士用一生赤诚彰显了一名优秀共产党员的政治本色和人格力量。他对祖国和人民的热爱、对党的事业的忠诚，天地可鉴，岁月可证。

他的一生，充满了爱国情、报国志。他扎根祖国大地，让自己的梦想与祖国的农业科学和教育事业相融相生。桃李芬芳、稻香四溢，卢永根与祖国同成长，与人民共奋进，这样的人生写满了精彩，必能彪炳青史、激励后人。

卢永根挺起了共产党人的精神脊梁。87岁捐献出近乎毕生积蓄用于教育事业，最终捐献遗体用于医学研究，体现了一个坚定的唯物论者、真正的无产阶级战士的情怀和品格。他促使我们反思在物质与精神之间的抉择，为解决好世界观、人生观、价值观这个“总开关”问题提供了参照，为后来人树立了标杆。

作为一名校长，卢永根同样是一根标杆。他原则性强，公道正派，在高等教育体制改革上开拓创新，坚持按照现代大学的理念办学，大胆起用人才，培养了一大批优秀学术骨干。

作为一名科学家，卢永根在水稻遗传育种理论和实践方面作出的突出贡献，为实现“饭碗里盛满中国粮”的目标提供了坚实基础。他不断学习进步、积极努力工作，把锤炼道德品质作为一生的追求，直至生命最后一刻，给我们展现了人生修养的最高境界。

华南农业大学的一位学生在接受记者采访时说：“因为心中有光，卢院士才能永葆初心。现在，卢院士就是我们心中的光。”

诚哉斯言。让我们一起在榜样的感召下为实现中华民族的伟大复兴砥砺前行吧！

《农民日报》2019 年 12 月 12 日

文学·故事

七十载党龄的院士情怀 永不褪色的坚定信仰

我叫党林夕，是卢永根院士所在华南农业大学的一名老师。

卢院士是我的老校长，2019 年他 89 岁高龄，是身边人所熟知的生活简朴的卢爷爷。但是，衣着简单、生活低调的他，因 2017 年的一个举动，突然成为全国“网红”。那年 3 月，他与夫人徐雪宾颤颤巍巍地抱着一个破旧的牛皮纸信封出现在华农校内一家银行，将 10 多个存折的存款转入学校账户，整整 880 万多元！这是二老几乎毕生的积蓄，卢院士还有一个女儿，但他选择把钱毫无保留地全部捐给了学校。

因每笔转账都需输密码、签名，前后足足花了一个半小时。而他们作出这个捐赠决定究竟考虑了多久？我可以告诉大家，这一切就发生在几秒钟之内。那一年，卢院士病重，与夫人商量后事安排时，他就说了一个字：“捐！”夫人马上懂了，立刻说：“我也是这么想的。”就在那一年，卢永根院士被评为“感动中国年度人物”。

为什么他会如此慷慨、毫无保留？这还要从卢院士最初的人生选择说起。

卢永根从小在香港出生长大，他出生于一个中产阶级家庭，父亲

卢永根在实验室指导学生作试验

是英国律师行的一名高级员工，卢永根从小在香港就接受了良好的中西方教育。

但是1941年，太平洋战争爆发，香港被日军占领，当时在读六年级的他被父亲送回广州花都乡下避难。从小经历家仇国恨，目睹日军的凶残暴行，这种切肤之痛激发了他强烈的忧患意识和家国情怀。

念高中的时候，他作出了跟同龄人不一样的选择：不顾家人反对，放弃了英文学校，选择在中文学校就读，接受民主进步的思想。

此后，他积极追求进步，向往共产主义，1949年卢永根在香港正式加入中国共产党，成为一名“地下党员”，在党组织的安排下，他来到广州，领导地下学联，迎接广州解放。其间，他考入岭南大学就读。经历全国院系调整后，卢永根来到了华南农学院，与丁颖院士相遇，成为他的首届学生，毕业后更是成为丁颖水稻研究的助手。

丁颖是院长，卢永根是学生，可是，卢永根却成功发展当时已经 68 岁的丁颖院长加入了中国共产党，这在当时广州地区高级知识分子中产生了巨大反响。对此，卢永根回忆道，与老师的这份“忘年交”友谊一直暗含着一分默契：“学术上，您是我的老师，是我的领路人，但在政治上，我是先行者，是进步青年，我要告诉您中国共产党的伟大信仰。”

这一信仰在卢永根看来，必须终生践行。

卢永根常把法国科学家巴斯德的名言挂在嘴边：“科学无国界，但科学家有祖国。”改革开放后，卢永根曾以公派访问学者身份赴美国留学，留美期间，在美的亲人告诉他，留在美国你可以过得很舒服。但是，卢永根坚定地说：“我是中国人，祖国的建设需要我！”

是啊，如果他一走了之，丁颖老师毕生收集托付给他的 7000 多份水稻种质资源将何去何从？他这一走，这个领域的研究又要多少年才能赶上其他国家？

卢永根坚定地选择回到祖国。在他的感召下，一大批水稻育种专家也选择回国报效国家。卢院士也培养出了一批优秀的农业科学家，就在 2017 年，他的学生刘耀光当选为中国科学院院士，“一门三院士”也被传为佳话。

在广袤的土地上，农民的生活曾经十分艰辛，看天吃饭，如何提高水稻的育种品质，这是卢永根毕生科研的命题。他致力于水稻的遗传育种研究，在水稻遗传资源等领域取得了突破性进展。这个领域的理论性研究曾经很缺乏，基础研究又很难出成果，卢永根却选择啃下这块硬骨头。他像普通的农民一样，挽起裤腿，赤脚走在农田里，一步一脚印地去寻找水稻的祖先野生水稻，跑遍了广东、海南和江西。野生稻的收集十分困难，要么在山区，要么在荒芜的沼泽地，但卢永根从不放弃。有一次，已经 70 多岁高龄的卢院士带队去清远佛冈一座荒山的山顶采集野生稻，爬到半山腰，卢院士已经体力不支，但他仍然坚持要上山，学生们只好连搀带扶架着他慢慢往上爬，山路崎岖陡峭、木石穿道，一路辛苦异常。好不容易才爬到山顶，大家都累坏了，学生们也想让他先歇一歇，他却坚定地说："找！赶紧找！"

幸运的是最终找到了宝贵的野生稻。亲眼见到野生稻的生长环境，已经疲累至极的卢院士异常激动，他俯下身紧紧地握着稻穗对学生们说："作为一个农业科学家，你必须把根深深扎在泥土里，一定要亲自察看现场，不能遗漏一丝一毫的细节。"

赤脚耕耘大地，卢永根不在乎名，不在意利，但求这一生有意义。他对于物质的要求极低，办公室是简陋的，家中仍然使用着 20 世纪八九十年代的旧铁架床、旧电视机，被人们称为"布衣院士"。

在入院治疗前，他几乎每天最早来到办公室，忙碌地做科研、回邮件，到了中午，他就拎着一个铁饭盒，叮叮咚咚地走去学校饭堂，和学生们一起排队打饭。

年事已高的他时常背着挎包、戴着遮阳帽，在葱郁的校道上安然地等着公交车，成为校园里一道风景线。这道朴实的风景线，给予了很多人希望。卢院士一直以来通过各种途径去帮助困难学生，帮助他们改变命运。看到自己的学生刘向东有机会去香港进修，但是由于经济困难，顾虑重重，卢院士借钱给他并提供行李箱等用品，鼓励他学有所成，回来报效祖国。在花都罗洞小学，他甚至把兄弟二人共有的家族商铺无偿捐出，作为孩子们老师们的教育基金。到目前为止，这个基金已经资助师生近 3000 人。

如今，因患癌症卢院士重病在床，在病房中，这位年近九旬的老人说："虽然我现在疾病缠身，无法自由地行走，但是，我的意识是清醒的，我的牵挂是不变的，我的信仰是坚定的！”

党的十九大胜利召开后，卢院士身体虚弱，但仍然坚持全程参与了学习和讨论。他说他的心情很激动，仿佛回到了自己70年前刚刚入党的那一刻。

卢院士深知疾病带给人们的痛苦，前不久，他亲手签署了遗体捐赠志愿书，希望以一名院士的身份作最后的医学科普，把自己的身体捐献给国家的医学研究！

习近平总书记指出，信仰认定了就要信上一辈子。2019年是新中国成立70周年，也是卢永根院士入党整整70年。70年来，卢院士身体力行，始终坚定永不褪色的信仰，用毕生实际行动践行了一名老共产党人的入党初心，这也是激励我们年轻一代在新时代坚守初心、砥砺前行的榜样力量！

牢记初心　砥砺前行

——我所知道的卢永根

我叫张展基，是卢永根院士所在单位——华南农业大学农学院党委书记，也是卢院士的学生。我 1987 年到华南农业大学读书，学的是畜牧，卢院士是我们的校长，学生时期卢校长给我记忆最深的一件事是 1990 年 11 月的一天下午，我打着雨伞走出校门，突然看到卢校长一手提着包，一手提着皮鞋冒雨往学校里跑，当时觉得很奇怪，后来到农学院工作后与卢院士聊起这件事，他说当时皮鞋是出国或特殊场合才穿的，他在省里开完会，坐公交回到五山下雨了，皮鞋沾水容易坏，所以就出现了当时的一幕。

真正接触卢院士是我到华南农业大学农学院报到的第三天，就是 2012 年 2 月 20 日上午，我去卢院士办公室拜访他，那个时候我还是有点紧张，一到办公室就急于介绍自己，卢院士很快打断了我的话，说："你是 1987 年来学校读书的，可以说是我的学生，你是学畜牧的，有农的背景，你来农学院我是知道的，当然现在你是我的领导。"接着笑了起来，一下子紧张的氛围没了，我刚到农学院，卢院士就给了我平易近人的印象。交谈中，卢院士的两句话我永远不会忘记：一是说你是学院党委书记，首先要讲政治，要抓好基层党支部建设，充分发挥学院党委和基层组织在学院发展中的政治核心和战斗堡垒作用；二是说你现在是农学院的老师，以前学的是畜牧，现在要注重学习新知识，向书本学习，到老师的办公室实验室去学习，到田间地头去学习，只有这样才能做好农学院党委书记的工作。这两句话成了我在农学院工作的指南，也必将成为我以后工作的指南。

2017 年 3 月，卢永根院士及夫人徐雪宾教授将他们二人积蓄 880 万多元全部捐给学校，成立“卢永根·徐雪宾教育基金”，用于奖励华农农学院品学兼优的贫困学生，忠诚于教学科研的青年优秀教师，资助邀请农业领域国内外知名科学家来校讲学。

消息传开后，立即“刷爆”了华农人的朋友圈，新华社向全国通报卢院士的先进事迹后，在全国各地产生了很大的反响。

广东省委教育工委授予卢永根“全省教育系统优秀共产党员”称号，广东省委宣传部授予卢永根“南粤楷模”荣誉称号，广东省委授予卢永根“广东省优秀共产党员”称号，他入选 2017 年度“感动中国”人物。中国科学院倡议：全体新当选院士向卢永根同志学习。网友称赞卢永根“一心向党”“一生爱国”“一身正气”“一生节俭”，像“一盏明灯”。

“党培养了我，将个人财产还给国家，是作最后的贡献。”这位有着 70 年党龄的老党员，曾无数次说，作为一名中国共产党，无论是一帆风顺的日子，还是身处逆境的时刻，始终坚信，要把一生献给党和祖国！

1930 年，卢永根出生于香港。他祖籍广东花县，爷爷在香港谋生，生活富裕。卢永根的爸爸是一家英国律师行的高级职员，他自小生活条件优越，接受了较好的教育。是什么促使他回归祖国，扎根内地呢？

太平洋战争爆发后，日本侵略者占领了香港，百业凋零。卢永根的父亲也因此失业，卢永根被送回老家花都农村生活。在家乡避难的日子里，卢永根加深了对农村的认识和了解，同情农民，亲近农民。

他在自传中提到，父亲兼受孔孟礼教和西方现代教育影响，母亲则是贫苦农村家庭出身。在他们的影响下，他养成了勤奋好学、严格自律、勤俭节约的作风。

卢永根在乡下待了将近两年之后，回到香港继续升学，究竟进英文书院还是进中文中学，选择摆在面前。父亲当然是希望进英文书院，但是由于卢永根的民族意识觉醒，不愿意接受英文书院的“奴化教育”，便考入了香港岭英中学。在这里他结识了一位思想进步的语文老师，介绍他转学到新开办的香港培侨中学。

1946 年到 1949 年，在香港培侨中学读高中的 3 年，是卢永根树立正确的人生观、世界观和价值观的重要时期，也是他从一个青少年走上革命道路的起点。这时正是内地进行解放战争期间，国内许多民主进步人士因摆脱国民党迫害而纷纷移居香港。一时，香港云集了许多知名人士。他们创办了各种民主进步书刊和书店，宣传中国共产党的主张和揭露国民党的反动和腐败。培侨中学是一所爱国的进步学校，爱国和民主思想很活跃，师生中有不少进步分子，其中一些是共产党领导的东江纵队北撤后复员的人员，地下党员。

卢永根在自传中说道：培侨中学的进步分子他们接近我，介绍我阅读进步书籍，邀请我出席一些进步团体举办的时事报告会。我听过郭沫若、茅盾和乔木（乔冠华）等的演讲，他们令人折服的论据给我指明了方向，只有中国共产党才是祖国和中华民族的希望。使我的心灵受到最大震撼的，是一次到香港达德学院出席控诉国民党迫害国内爱国青年学生的罪行大会，会上还沉重地悼念被杀害的浙江大学农学院学生于子三烈士。听到血泪的控诉和慷慨激昂的发言，响彻整个会场的“反饥饿，反内战”的口号，我的血液在沸腾，我激动得流泪了。“国家兴亡，匹夫有责”，作为一个热血青年，对祖国的命运我能袖手旁观吗？不推翻国民党的反动政权，读再多的书也没用。经过多晚激烈的思想斗争和深思熟虑，决心放弃安逸生活，不怕坐牢、杀头，做一名革命者。

为此，瞒着家庭和亲友，1947 年 12 月，卢永根秘密加入党的外围组织新民主主义同志会，不久当选为学生自治会主席，积极带领同学们开展爱国民主进步活动。

1949 年 8 月，年仅 18 岁的他，光荣地加入中国共产党。入党宣誓那一天，监誓人一再提醒他：加入共产党，个人的一切包括生命都属于党、属于人民，党和人民的利益高于一切，“你是否要参加，请认真考虑！”已在革命实践中经受锻炼和教育的卢永根，庄严地举起了自己的右手，面向北方的祖国，把入党誓词牢牢地铭刻自己的心中。

就在入党的那一年，卢永根面临高中毕业后的去向问题，经研究，党组织决定安排卢永根回内地，到岭南大学读书和从事革命工作，到广州去迎接解放。

1949 年，新中国成立。18 岁的卢永根拒绝了家人的挽留，离开了香港，以一名地下党员的身份，回到内地，成为岭南大学农学院的学生。从那以后，他就捧着一颗红心，把自己的毕生精力献给祖国的农业科学和教育事业。在那兵荒马乱的年代，很多社会名流、巨贾大亨都纷纷南渡珠江，选择到香港避难，试图获得正式的港人身份。而卢永根却依然北归，此后不管风云变幻，时局动荡，他都初心不改，扎根广州。他说：“为什么要放弃安逸生活回内地？主要是侵华战争的现实教育了我。我要为祖国复兴效力。”

1952 年全国院系调整，岭南大学与中山大学两校农学院合并为华南农学院，丁颖任院长，卢永根是首届学生。丁颖比卢永根年长 40 多岁，但丁颖与卢永根的“忘年交”一直是学界佳话：丁颖是卢永根的恩师，是他学术上的领路人；而在政治上，丁颖一直深受卢永根影响。在卢永根的鼓励和支持下，1956 年，68 岁高龄的丁颖院士加入中国共产党，在当时广州地区高级知识分子中引起了极大反响。

住院的日子，卢永根夫妇坚持着每天清晨收听广播、每晚看《新闻联播》的习惯。夫人每天为卢永根读报。

“2017 年 4 月 17 日，卢永根希望学院把教育基金的管理实施办法制定好”；

“2017 年 9 月 27 日，组织支部学习黄大年的先进事迹”；

“2017 年 10 月 20 日，卢永根在病房全程观看了党的十九大开幕直播，他表示，总书记的报告让他这位老党员热血沸腾，备受鼓舞”。

……

这是卢永根参加所在党支部组织生活记录。

党的十九大召开当天，卢永根身体非常虚弱，躺在床上，插着氧气管，仍然坚持全程听完党的十九大报告，并参与随后的学习、讨论。他说：“听完习总书记的报告，热血沸腾、备受鼓舞。作为一名老党员，再次找到了自己在解放初期所感受到的国家发展和人民生活蒸蒸日上、热火朝天求发展的强烈愿望。”

这就是一位共产党员的初心：对党执着追求，坚定理想信念，为党奉献一生。

卢永根 1983 年开始担任华南农学院院长，上任之初，在谈到自己的党员、校长、教授这 3 种角色的关系，卢永根就公开表示，自己牢记“先党员，后校长；先校长，后教授”的原则，这个简单原则体现了卢永根对党的教育事业高度负责、党和人民利益高于一切的责任感。

这句话虽然简单，但真正要把握好这 3 种角色的关系很难。卢永根用自己的行动表明，他真正做到了。他自己首先是一个党员，工作上首先从大局出发；在校长和教授身份上，自己首先考虑校长这个角色。既然是校长，就要着眼于学校的发展，把自己教授的工作和身份暂时放下，做好管理工作。特别是不能利用校长身份，谋求资源，照顾自己的团队等。

在担任校长的近 12 年时间里，卢永根始终把党性摆在最前面，全心全意站在学校的高度，为学校全局谋发展，没有为个人、为他所在的学院、实验室谋取特殊利益。

他给自己立下“多干一点，少拿一点；腰板硬一点，说话响一点”的 4 个“一点”的规矩，坚持不在待遇上搞特殊，严格要求亲属和身边人。他夫人徐雪宾教授说：卢永根刚上任校长时，一位做工程的亲戚来走后门被他骂了回去，周末又回老家花都找亲戚们开了个会，说只要我在华农一天，你们就一天不要进华农的大门，不要想在华农做工程。

为了学校的发展卢永根却敢于担当，1987 年，他顶住压力，破格晋升 8 名青年才俊，打开了华农人才培养的新格局。在宣布大会上，他表示，希望 8 位年轻人在政治上要严格要求自己，要向“红透专深”迈进。要更好地发挥教书育人的作用，用自身的品德、政治思想来教育和影响学生。

如今，这些当年破格晋升的青年才俊，都成为政界、学界的优秀人才。包括全国政协副主席罗富和、广东省政协副主席温思美、中国工程院院士罗锡文、抗击“非典”和禽流感战役中的科研英雄辛朝安、华农原校长骆世明、省教育厅原副厅长张泰岭、航天工程育种专家梅曼彤和家畜育种专家杨关福。

这就是一位党的干部的初心：对教育事业的责任和担当，为学校发展的攻坚和克难，以自己的言行确立了大学校长理应坚守的价值准则和行为底线。

卢永根作为一名海外归来的知识分子党员，几十年来伴随着共和国的风风雨雨，经历了人世间的坎坎坷坷，但这些都没有影响他对党的忠诚、对祖国的无限热爱。他曾在给学生作报告时说：“我坚信，是中国共产党指引我有意义的人生之路，只有社会主义祖国才是我安身立命的地方。”

他常把法国科学家巴斯德的名言挂在嘴边：“科学无国界，科学家有祖国。”

粉碎“四人帮”之后，卢永根曾3次出国探亲和访学，在美期间，美国的亲人试图说服他留下来，他都坚决拒绝了。他打心底里热爱自己的祖国。有位美国移民局官员曾问他：“你具备移民条件，为什么还要留在中国？”他回答说：“因为我是中国人，祖国需要我！”

他说，把所学到的知识贡献给国家，为国家的兴旺、民族的振兴尽一份力，是我一生最大的愿望，也是我为之而追求的目标。比起在美国，虽然我的物质生活并不富裕，但只有在祖国的土地上我才能取得事业的成功。如今我经常出访国外，人家的尊重和赞誉，不仅是对我个人，更重要的是对我的祖国的尊重和赞誉，这样的人生不是比留在国外更有价值、更有意义么？

1994年7月，卢永根给自己的女婿写了一封公开信，力劝他回国。他在信中驳斥了当时流传在留学生中的各种“言论”。比如科学

卢永根赴美访问途中在上海虹桥国际机场与袁隆平、赵善欢合影（1983 年 8 月）

是没有国界的，学成归国为中国服务显得太狭隘，不如留在外国工作为全人类服务。他说，凡此种种，无非是为自己待在国外制造借口，给利己主义的灵魂贴金，连为养育自己的国家和民族服务都不愿意，还奢谈什么为全人类服务？

他说，一切有志气的真正爱国的青年科学家都应扎根祖国，外国的实验室再先进，也不过是替人家干活。我们现在实行改革开放政策，有各种渠道掌握国外的发展动态，如参加国际学术会议、出国短期访问、共同合作科研，等等。在国内从事科学研究照样能出成果，关键是要努力去开拓和争取。

作为一名老党员、老教师，卢永根同样以他的一腔爱国之情去教育和感染他的研究生、青年教师和出国学习访问的学者。

在他担任校长期间，学校派出了一批又一批教师出国攻读学位、开展合作科研等。为了尽可能使派出的留学人员学成后按时回国服务，他做了大量艰苦细致的争取和说服教育工作。

对即将出国学习的每一位青年教师，他总是会抽空找他们进行个别谈话并保持书信往来，希望他们在国外勤奋学习，不要嫌弃自己的祖国贫穷，回国后一样大有作为。

事实上，在卢永根的感召下，有很多年轻人学成归国，扎根故土。当中就有我们学校的知名学者、2017 年新当选的中国科学院院士刘耀光，当年受教于卢永根，到日本留学，毕业后留在日本工作多年，生活优越。但在卢永根的书信邀请和感召下，他于 1996 年回到华农，潜心科研，大有建树。可以说，卢永根的爱国情怀，在一定程度上成就了刘耀光院士。

这就是一位农业科学家的初心：身体力行报效祖国，家国情怀践行社会主义核心价值观，用自己的一言一行，书写当代知识分子的责任、担当。

1984 年，卢永根为学生作了一场题为《把青春献给社会主义祖国》的报告。他说："生命诚可贵，爱情价亦高；若为祖国故，两者皆可抛。……我今天的发言，如果能像一束小火花一样，点燃你们心扉中的爱国主义火焰，并迸发出热情，去为振兴中华而奋斗，那是我所热切期待的。"在场的听众无不为之动容。

类似这样的报告会、演讲会、座谈会，卢院士每年都有，不论是学生、还是青年教师发出的邀请，他都非常乐意参加，以自己的亲身经历和感受对青年人进行一次又一次的爱国主义教育，一直延续到 2016 年。

卢永根在他的自传《我的科教生涯》中回顾 50 多年科教历程，有几点体会跟大家分享一下。

第一，要把教学科研工作看作一种事业、当教师不仅是一种职业，更是一种终身奋斗的事业，是党的事业的重要组成部分。“事业”不等同于“职业”，不仅是解决吃饭的问题。既然是事业就得有执着的追求，产生责任感、荣誉感和满足感。由于众所周知的原因，一个时期教授的社会地位不高，生活待遇低下。我选择了教师的职业无怨无悔，从来没有看不起自己是一名知识分子，也从来没有想过改行。1987 年我有机会上调中央担任副部长级的职务，但我坚决地、恳切地推辞了，其中主要的原因之一，是我舍不得离开自己的水稻研究事业。

第二，教师和科学工作者的魅力在于人格力量。作为一名教师，他必须作学生的表率，要“为人师表”就是这个道理。我要求学生做到的，首先自己要做到。榜样是无声的命令。我要求年轻人勤奋，自己首先要勤奋。双休日和假期照常工作，已成为我实验室的不成文规矩。只要不出差，双休日我也照常回实验室工作。我要求学生守时，自己就得首先守时，如临时因事迟到，一定作自我批评并表示歉意。

第三，教师和科学工作者也要讲政治。科学无国界，科学家有祖国，一名真正的科学家，必须是一名忠诚的爱国主义者。科学工作者不能只埋头业务而不问政治。我所理解的政治就是关心世界和国家大事，把自己的命运同祖国的、民族的命运联系在一起，把自己的工作同国家的需要联系在一起，把国家和人民的需要作为推动自己工作的动力。

第四，要淡泊名利。在当前实行市场经济中，在一些教师和科学工作者中滋长了争名夺利的思想。只要牵涉到个人名利，就“寸土必争”，在论文和科研成果的排名上也“寸土不让”。更有甚者，为了图虚名，不惜弄虚作假或剽窃别人成果，这不仅导致个人身败名裂，而且对年轻人产生了恶劣的影响。我认为名利不应是科学研究的目的，科学工作者不应名利思想过重，我主张淡泊名利。真正的“名”不是自封、不是伸手要来的，也不是通过媒体炒作而来的，“名”是人民给的，是大家公认的，只可遇而不可求。

第五，要不断努力学习。当今科技发展一日千里，不努力学习就会落伍。如果知识陈旧、老化，教学和科研工作就很难有所创新。我是比较注意学习的，从书本中学，从群众中学，从实践中学，不放过每一个学习的机会。我不光读专业书，也读文学、历史、地理的书。我已年逾古稀，进入老年人的行列。我愿“活到老、学到老、革命到老”，以此作为人生的取向。我的青春年华已经献给党的科教事业，我准备把晚年继续献给这个事业。

这就是一位高校教师的初心：立德树人，培养全面发展的社会主义建设者和接班人，为人民的幸福、民族的复兴贡献毕生精力。

“南粤楷模”颁奖词对卢院士有这样的评价：“从教半个世纪，你立德树人，播洒春雨育桃李满天下；治学六十余载，你求知求真，浇注汗水写稻种新篇章。入党七十年，你倾其所有许党报国，用初心无改彰显家国情怀；恭俭一辈子，你知行合一止于至善，用时光沉淀洗涤名利尘埃。”这就是共产党员、人民教师卢永根。

我的恩师卢永根

我叫刘向东，是卢永根院士卢老师培养的第三个博士，从1992年跟他学习、工作，至今已有20余年了，所以，对卢老师有一定的了解。记得几年前，卢老师80周岁的学术研讨会上，他的学生用了5个“八字”评价卢老师。它们是：“爱国爱党，严于律己”“严谨求实，献身农业”“勤于耕读，精益求精”“淡泊名利，甘为人梯”“生活简朴，关心他人”。

爱国爱党，严于律己

卢老师爱国、爱党、爱教育事业。他经常告诫我们一定要热爱祖国、关心政治，关心国家大事，把自己的前途与国家命运紧密联系在一起，只有这样，学习才有明确的目标，才能学到真正有用的知识，才能为国家作出贡献。他鼓励我们出国深造，在每位学生出国前，一方面在思想上给予指导，他会以自己在国外学习和研究的经历，现身说法让学生知道如何去践行“科学无国界，科学家有祖国”，在国外始终要把祖国放在心中，抵制各种不良思想，刻苦学习，创造条件多学习国外的先进技术，提高自己，回国后报效祖国。另一方面，在生活上无微不至关怀，比如，我1993年前往香港大学合作研究，当时经济还不太好，卢老师专门借钱和提供生活用品等。在他的影响和熏陶下，每个出国的学生都能做到严格要求自己，做到又红又专。他培养的学生出国后绝大多数都回国服务，并在国内取得好成绩，比如长江学者刘耀光和严小龙教授，以及珠江学者张桂权教授等。

在对待利益上，卢老师严于律己，十分严格要求自己，他坚持做到公私分明，绝不占公家便宜。公家的钱，能节省就节省。比如：能坐火车，就不坐飞机。他虽有资格坐头等舱，但出于节约，多年来，他一直坚持坐经济舱。记得 2003 年卢老师出差去参加在南昌举行的全国野生稻大会后，继续去辽宁沈阳出差，当时，卢老师已是 70 多岁的老人了，但他不顾开完会之后的劳累，选择乘坐晚上的火车到北京，再一大早从北京坐飞机到沈阳。他说："这样不仅可以节省住宿费，还可以节约时间。"他从来不用公家的钱请客吃饭，平时请研究生吃饭，都是他自己私人付款。

卢老师心胸宽广，不计前嫌，对待曾有不同意见的人或甚至有过不愉快相处经历的同志，事情过后，他一样给予关心支持和帮助。他坚持原则，是非分明，他认为对的，他就会坚持去做。他有一个座右铭："未必尽如人意，但求无愧于心。"这一点对我们学生也影响很大。

严谨求实，献身农业

卢老师长期从事水稻遗传育种、种质资源收集与创新研究，并取得重要成果。特别是以下两方面成果具有广泛的影响：

一是他传承了丁颖院士留下的 7000 多份稻种资源（"丁氏稻种资源"），并带领团队继续收集，特别是广泛收集野生稻资源，将"丁

卢永根在福建省尤溪县考察再生稻

氏稻种资源”扩充到 1 万多份，成为水稻遗传育种资源的重要宝库之一。为了保护这些重要资源，他负责建设了“华南农业大学稻属种质资源保护基地”，该基地目前成为我校亚热带农业生物资源保护与利用国家重点实验室的四大资源圃之一，为水稻遗传育种和分子生物学研究提供重要材料。收集野生稻资源是相当不容易的，甚至还有危险。卢老师为了得到第一手的野生稻资源，他和同事、研究生一起历经 2 年多时间，跑遍了广东、海南和江西的多个地方。由于野生稻生长的地方一般比较偏远，要么在山区，要么在荒芜的沼泽地，收集十分困难。但卢老师没有放弃。记得有一次去广东佛冈一座山的山顶采野生稻，卢老师当时已是 70 多岁高龄。由于山上无路，布满荆棘。到半山腰，卢老师已体力不支，但他坚持要去现场，后来我们学生只好扶着他慢慢往上爬，终于采到隔离比较好的宝贵野生稻。由于卢老师的不懈努力，我们一共收集到2000多份野生稻。这些资源不仅可以作为水稻育种的重要基因来源，还可以作为研究栽培稻起源、功能基因分化的重要材料。至今，这些资源先后无偿提供给国内外30多个单位开展研究，数量超过1.2万份次，接受单位结合其他相关研究，取得重要成果。比如，中国科学院遗传与发育生物学研究所利用我们提供的野生稻结合他们克隆的基因开展分化研究，取得重要进展，先后于2012、2014和2015年在NC上发表3篇论文。此外，卢老师也带领我们利用这些宝贵的资源，开展一系列研究，创建了一大批同源四倍体水稻，在野生稻中发掘携带有籼粳杂种花粉育性的“中性基因”和胚囊广亲和基因的新材料。这些材料为水稻育种，特别是多倍体育种提供重要的物质基础。

虽然从事水稻种质资源保存与利用工作不容易出大成果，而且十分烦琐，但他并没有因此而放弃，而是一直坚持着。正是因为这种坚持，才使“丁氏稻种资源”得以保存并发挥其作用。

二是水稻具有2个亚种，即籼稻和粳稻，籼稻和粳稻杂交具有强大的杂种优势，但育性普遍偏低，产量优势难以发挥，所以，生产上无法直接应用。从20世纪80年代末到90年代初，卢老师同他当时的博士生张桂权针对籼粳杂种不育的遗传问题，利用花粉不育基因近等基因系的特殊遗传材料，突破了过去一直以小穗育性为指标来衡量不育程度的简单方法，改用了花粉育性与小穗育性相结合的方法。经过多年的研究，提出了“特异亲和基因”新学术观点，指出水稻杂种不育性至少受Sa、Sb、Sc等6个基因座位的花粉不育基因座位控制，基因模式为单基因座位孢子体—配子体互作模式，不同座位互作的效应不一样，花粉败育的类型不一样；互作座位越多，效应越强烈，杂种花粉育性越低，特别是Sa、Sb和Sc 3个座位同时互作时，杂种花粉育性几乎为零，就像不育性一样；他们进一步研究还发现，6 个基因座位的花粉不育基因均存在基因的分化，提出了花粉育性“中性基因”的概念。“特异亲和基因”新学术观点引起了当时学术界的极大关注，同行专家认为，这是国内外同类研究中比较系统、比较深刻和比较接近实际的学术观点，是对栽培稻杂种不育性和亲和性的较完整而系统的新认识，在理论上有独创性，对水稻遗传育种理论及实际工作具有重要的指导意义。记得 1989 年农业部颁布的“重大研究成果”中，就提到卢老师他们定位的“特异亲和基因”。以后该学术观点不断被验证和发展，比如，张桂权创建了广亲和籼型亲粳系，并实现了真正意义上克服籼粳杂种不育，使其杂种优势得以发挥，在 2017 年“籼粳亚种间杂交水稻全国合作论坛暨现场观摩会”引起高度的关注。刘耀光院士成功地克隆“特异亲和基因”Sa 和 Sc，并解析其分子机理，先后在 *PNAS* 和 *Nature Communication* 等国际著名刊物上发表高水平论文；卢老师和刘向东等发现“特异亲和基因”在同源四倍体水稻杂种中不但效应明显，而且还有“上位性”作用，为克服水稻多倍体杂种不育性提供重要的理论依据，该研究成果发表在国际知名刊物 *Plant Physiology* 和 *JXB* 上。

实际上，卢老师除以上两方面研究取得重要成果外，他在其他的方面也取得许多重要的成果，比如他首次建立了我国 3 个野生稻种的粗线期核型，从细胞遗传学的角度证实了普通野生稻是栽培稻的祖先，进一步印证了丁颖院士的论点。他针对当时矮源的遗传方式缺乏和矮源遗传基础薄弱的问题，对我国早籼稻的 4 个著名矮源作了系统的遗传分析，根据矮生性基因的遗传方式和等位关系，把我国现有的籼稻矮源划分为 2 类 4 群，为我国更有效地利用水稻矮源和人工创造新矮源提供了理论基础。对我国 3 种不同胞质来源的 4 种水稻雄性不育系的质核互作雄性不育性进行了基因分析，并在此基础上成功培育出“珍汕97A”等基因恢复系，被作物遗传学界认为是研究胞质雄性不育性分子基础的理想材料。

卢老师之所以在科研上能取得经得起历史考验且引人关注的研究成果，我想这可能与卢老师严谨科学精神有关。在做学问上，卢老师坚持“实事求是，提倡独立思考，不赶浪头，不随风倒，有三分结果，做三分结论”的严谨求实的科学精神。研究上他坚持“小题大做”，不贪多，不追时髦和潮流，不过早或夸大地宣传，以要解决的问题为根本，一点一点地深入开展研究，最终寻根问底，弄清楚科学问题的事由原委。比如，前面的“特异亲和基因”新学术观点，以及应用“特异亲和基因”克服籼粳亚种间不育性的设想。应该说，这在20世纪80—90年代是作物遗传育种学的重大创新，但卢老师他们很低调，没有做过多的宣传，而是等待历史的检验。后来的研究不仅验证了该观点是正确的，可以指导进一步的深入的分子生物研究，而且，还得到发展。

勤于耕读，精益求精

卢老师虽然很忙，但他从来没有停止过学习，总是挤出时间来看不同类型的书籍，以扩大自己的知识面和拓宽自己的视野，以充实教学的素材。在教学上，他精益求精，力求把最准确的理论知识和技术传授给学生，为了上好一堂课或作一次报告，他总是查阅大量资料，认真准备，反复修改PPT课件，包括标点和引用文献都力求不出差错。记得有一次，卢老师给本科生作了一次有关农业起源、我国农业的现状和农业现代化的报告，他准备了有两个多月，修改PPT不下10次。还有一次，卢老师为首届农学丁颖班讲授专业概论，他为了准确给学生介绍丁颖的精神，查阅了大量资料，花了近一个月时间准备PPT，对PPT进行精心的修改，在其中引用大量第一手的图片，最后极其生动地给学生讲授，我们听了都很感动。在培养研究生上，他把严谨的科学作风贯穿整个过程。在研究生做论文期间，他不管多忙，都共同参与制定研究方案，了解进展情况，指出不足和改进措施。在论文修改上，他更是一丝不苟，十分认真细致地核对论文中的数据、图片和引用的参考文献，甚至对论文中每个标点符号都进行认真推敲修改，以尽最大的可能减少错漏。正是因为他的严谨，他指导的研究生论文质量都比较高，有多篇被评为校级优秀学位论文，有的还被推荐参加全国百优。对于研究生整理准备发表的论文，他更是逐字推敲修改，精雕细凿，力求出精品。

淡泊名利，甘为人梯

卢老师淡泊名利，他认为“名”是人民给的，是大家公认的，只可遇而不可求。记得1993年卢老师当选为中国科学院院士时，记者们闻讯赶来，纷纷请他谈感受。面对这一崇高的荣誉，卢老师归结为4个“归功于”：第一是归功于母校的教育；第二是归功于他的老师丁颖院士、赵善欢院士、蒲哲龙教授、李鹏飞教授、范怀忠教授等老一辈科学家；第三是归功于在科研上与他密切合作的同事、助手和研究生；第四是归功于在事业上给他全部支持的夫人徐雪宾教授。

他把许多机会都让给年轻人，甘作人梯。比如当研究取得成果时，他总是让学生作第一作者。记得20世纪80—90年代，我国论文还没有出现所谓的通讯作者时，研究生发表论文一般是导师名字在前，学生在后。然而，卢老师不一样，他坚持把学生放在第一位，他自己放在后面，对于科研成果，他也是如此。比如，师兄张桂权和我在攻读博士期间所获得的研究结果整理成10多篇论文发表，申报并获得3项科研成果，卢老师都是把我们放在首位，这对卢老师个人可能是个“损失”，但对作为学生的我们是极大地鼓励和扶持，使我们能够尽早成才！此外，卢老师为了年轻学者能尽快出成果，他还给他们提供各种条件，帮助他们，让他们能较好地开展工作。卢老师很看重有才华的年轻人，比如，他们回国前后，卢老师都为他们有比较好的工作条件费了许多心思。卢老师为了网罗优秀人才，礼贤下士，以情动人。记得曾有位在我校就读的博士生，该生很优秀，在美期间研究取得重要成绩，卢老师为了让他能来华农工作，那位博士生当年从美国回来，当时还是校长的卢老师亲自到飞机场去接他。后来，该生来华农工作。这方面的例子很多。

生活俭朴，关心他人

卢老师生活俭朴，他从不搞排场，从不追求奢侈。卢老师和夫人徐雪宾教授生活都很简单。他们认为，生活过得去就可以，不要刻意去追求享受，所以，他们家里摆设简单实用、穿着朴素、饮食清淡。为了节省做饭时间，他们经常到学生饭堂用餐。他们不仅在国内如此，在国外也是如此，卢老师和夫人徐雪宾教授公派出国期间，生活也很节俭，能省的就尽量省，我听徐教授讲，他们两个出国回来后省下3万多美元，这些钱一直存在银行至今，他们捐出的880万多元也包括这笔钱。卢老师他们自己生活很节俭，但对于需要帮助的人他很慷慨。多年来，他们一直坚持为希望工程、灾区等捐款。卢老师对研究生的科研要求很严格，但对于他们的生活，像父母般关心和关怀。

卢老师以他高尚的人格和情操影响和教育学生，以个人的魅力潜移默化着学生。这正是我们需要学习的地方。

讲好卢院士故事，发扬卢院士精神

我叫赵杏娟，是卢永根院士的秘书。我是1993年9月考入华南农业大学，报考的专业是农学院农学专业。在红满堂报到的那天，母亲指着红满堂草坪边上悬挂的横幅“欢迎您——未来的农业科学家”，鼓励我立志做一名农业科学家。很可惜，至今我都未能实现她这个心愿。不过，我却机缘巧合做了著名农业科学家——卢永根院士的助手。也算实现了母亲的部分心愿。

1997年，毕业前我回家乡云浮市参加毕业实习，接到我们农学系党总支书记谢绮环的电话（农学系那时还没有改名为农学院），说卢永根院士要招一名优秀的毕业生做他的科研助手，让我考虑考虑，如果我愿意，就尽快回学校参加面试。经过再三考虑，我决定回学校参加面试。

我大概记得当时面试的情况：我是去卢院士家里参加面试的，面试的考官有3个：卢永根院士、徐雪宾教授和刘向东教授。卢院士告诉我他准备招一个来自农村的毕业生当助手，因为他认为来自农村的孩子比城市的孩子更能吃苦耐劳。那时候令我印象最深刻的是，卢院士问了我3个奇怪的问题：第一个是问我是不是共产党员，我说是

卢永根在水稻试验田观察水稻

的，我在1996年读大三的时候就入党了，1997年4月转正。他们就说好，认为我思想上追求进步。第二个问题是问我的学习怎么样，我对自己的学习成绩还是满意的，就说不错。最后一个问题是问我有没有男朋友，我说我还没有男朋友。大概是想看看我有没有专心读书，或者是以后能不能在工作中投入更多的精力。

面试过程中，我感觉他们对我还是挺满意的。最后，卢院士对我说：无论我是否愿意做他的助手，都给他写一封信，说明其中的理由，他收到信后才决定是否同意我做他的助手。

面试结束后，我回到家里和父母商量，他们支持我留校，做卢院士的助手。于是，我把我的决定写了一封信给卢院士，说明愿意做他的助手的理由。据说卢院士收到信后，曾表扬我的文笔还不错，同意我做他的助手。

于是，1997年7月毕业后，我留校担任卢永根院士的助手，到2017年，刚好20年。当年的小赵都变成了老赵。

卢院士在我眼里，是一个很有故事的人，也是一个很会讲故事的人，是一位值得我们敬仰、学习的长辈。

学习他治学严谨的态度

卢院士的业务能力很强，治学很严谨。他发表的文章、发言稿、学术报告都是他自己去收集材料、起草的，文章的思路很严谨，层次分明、语言简练。我根据他的要求去整理、打印，草稿打印出来后，他会认真修改文章的排版布局，反复推敲用词造句，连一个标点符号都不放过，直到满意为止。他说文章写好后，不要着急投稿，要先放一放，再思考一下。于是，常常会出现这样的情况："小赵，这篇文章今天定稿了。"第二天上班时，他又说："小赵，把昨天那篇文章拿出来，我要再修改一下。"

他说他这种严谨的态度是从丁颖院士身上学来的，当年他去北京做丁老的助手时，没有电脑，所有的材料在付印前都是手写的。丁老改一次，他就从头到尾抄写一次。有时候丁老要改五六次，他就抄五六次。丁老改得很仔细，连一个标点符号都不放过。

华农党委宣传部的老师曾说过，卢院士投到校报的文章，基本不用修改。这是因为卢院士投稿前，已反复修改过好几次了。有老师向他提出，想约他做一个口述史，由他口述，学生根据录音来整理。他不同意，他说别人写不出他想表达的那种味道，甚至会适得其反。

在工作中，他常对我说要对自己讲的话、做的事和写的文章负责，哪怕是一条短信、一封邮件，发出去前都要检查一下是否有错。即使是转发别人的信息也要负责。打个比方，别人发了一条有错误的信息给我，我需要再转发给别人。转发前，我必须先检查一下有没有错误，如果有错误，把错误改正后再发给别人。也许有人认为这是转发，错了也没关系，本来就是错的。但是他说，关系很大，因为信息是从我手上发出去的，我就要负责。

他平时参加我们实验室研究生的工作汇报时，听得非常仔细，很中肯地提意见，对错误则毫不客气地指出来。

可惜，现在已很难有机会，再接受卢老师的亲自指导了。

学习他公私分明的品格

卢院士不止一次说过，他的待遇都是国家给的，他的荣誉都是国家和人民给的，所以，他特别珍惜中国科学院院士这个荣誉。他从不谋私利，始终严格要求自己，也严格要求身边的工作人员。这一点在使用学校车辆方面尤为突出。他因公用车时，一直坚持由校办派车，从来不提条件。学校提出派专车接送他上下班，他不同意，坚持走路上下班。他认为走路上下班，一则可以充分利用资源，因为他清楚校办的车辆不多，能省则省；二则可以锻炼身体，路上碰见老熟人还可以好好聊一聊，了解学校的近况。使用公车时，我可以陪他一起坐，但我自己不能单独使用公车。他是这样要求的，也是这样做的。

按有关规定，他可以全天候派车的，但为了节约，他因私外出，基本上是坐公交、地铁出行。他经常背着一个背包，从家里走到五山的公交车站，坐 218 路公交车去超市购物。有时候会有人给他让座，有时候就没有。有的老师劝他坐公交车不安全，但他觉得没有什么问题，自己多加小心就行了。

他患病住院期间，也要求我坐公交车和地铁。有一次他需要从市区医院转到郊区医院时，我一个上午坐地铁往返于两家医院，先去郊区医院办理入院手续，再赶回市区医院办理出院手续。那天上午，我幸好在医生要下班前赶到市区医院，然后手忙脚乱地办理出院手续，再晚一点点，就要等下午才可以办理了。

他会在办公室自备邮票，用来寄私人信件。如果寄的是公函，他会把信密封后交给我去寄。如果寄的是私人信件，他会把信密封好、贴足邮票才交给我去寄。

学习他勤俭节约的作风

卢老师勤俭节约的作风无处不在。

收到期刊或者杂志时，一般人的做法是，撕开牛皮纸信封，取出期刊或者杂志，然后把信封扔掉。卢老师的习惯做法是用剪刀沿着信封的封口剪开一条细线，取出期刊杂志后，如果是完好的信封就保留起来继续利用，如果是破旧的就扔在一个专门装废纸的纸箱中定期处理。他曾说过，那些牛皮纸信封质量都很好，扔掉太可惜了。

如果信件是在校内交换投递的，他肯定是用旧的牛皮纸信封。他先在信封的正面画一个大大的“×”，划掉原收信人的信息，然后在信封背面写上新收信人的信息，交换发出。我想校内有不少的教职工都曾收到过卢老师用旧信封发出的信件或者资料。

卢老师对纸张也很节约。在处理纸质材料时，他会把双面空白的或者单面空白的纸留下来，保存好，用来做草稿纸。这么多年了，他一直都是用这些所谓的废纸起草材料。如果是单面空白纸，他在有字的一面画上一个大大的“×”，在空白的一面写字。如果是双面空白纸，一面写完了，再接着写另一面。他对社会上浪费纸张的现象也十分痛心。有一次，我陪他外出办事，在街上看到有人派传单，路人接过传单后，看都不看，有的扔进垃圾桶，有的直接扔到地上，他对我说：“多好的纸啊，都扔掉了，真可惜。”

在他的影响下，我也养成了这样的习惯，打印文稿时，修改稿一律用单面空白纸，定稿才用打印纸，并且是双面打印。

卢老师平常的衣着很朴素，媒体说他是“布衣院士”，是很贴切的。夏天，他常常穿短袖、短裤、布鞋，冬天，他穿普通大衣、布鞋、再戴个帽子，走到路上，人们根本看不出来，这是一个学者，一个院士。在他的影响下，整个实验室的师生穿着也很朴素，甚至会遭到外人的笑话，说我们是“土包子”。但我们平常就是这样子的，也不怕别人笑话。可是，他出席一些重要场合时，会穿得很正式，西装革履、头发纹丝不乱，很有学者风范。

有一年，学校开运动会，我们农学院给每位教工发了一套运动服和一双运动鞋，卢老师经常穿。特别是那双运动鞋，他穿到脱胶，去三角市的修鞋摊那里补了几回，继续穿，直到不能再穿了，才扔掉。

按有关规定，卢院士因公出差，坐飞机是可以坐头等舱的，但是他很少坐。他常常和我说，国内出差，旅途近、时间短，没有必要坐头等舱，造成不必要的浪费。

印象中，我陪他坐飞机出差，他只坐过两次头等舱。一次是在2012年，到广西大学参加亚热带农业生物资源保护与利用国家重点实验室的年会。还有一次是在2016年，去北京出席中国科学院第十八次院士大会，这两次的头等舱飞机票还是主办单位提供的。平常在国内出差需要坐飞机的时候，他都是买经济舱机票。

2007年，农学院大楼投入使用，卢院士的实验室和办公室搬到了农学院大楼八楼。其中有卢院士用了几十年的几个旧书柜，搬到新办公室后，发现这些书柜与新的办公室不是很协调，不知道怎么办。卢院士觉得这些书柜既结实又好用，除了有些旧、有些地方的油漆脱落以外，翻新一下还可以继续用，让我联系后勤管理处，找木工师傅进行翻新。后来，这些书柜翻新后，卢院士一用又是10年。

学习他火般的学习热情

他一直强调高校教师和科学工作者也要讲政治，要有党性，要关心政治，关心时事。

他的夫人徐雪宾教授讲过，他们习惯每天早上6点半开始听中央人民广播电台的新闻、7点听广东广播电台的新闻、吃早餐时收看央视新闻频道的《朝闻天下》、晚上7点看中央台《新闻联播》，加上看《人民日报》《广州日报》，上网浏览新闻，对国际动态和国内大事了然在胸。他们看新闻，绝对不是简单的听完、看完就算了，而是结合国内、国际形势进行思考和分析，从中研究党和国家的发展趋势。

卢永根与水稻专家黄耀祥（右）、闵绍楷（左）在华南农业大学教学试验农场

难怪有很多教师感慨，他们的学习热情与大部分在职教师相比，不知道强多少倍。

卢老师常常说：学到老，活到老。在卢老师的办公桌旁边有各种字典、词典，方便随时查阅。他遇到不认识的地名就查中国地图、世界地图，不认识的英语单词就查英语字典，不会读的字就查《新华字典》……

面对不断涌现的科技新产品，比如电子邮件、智能相机、智能手机、微信，等等，他都是满怀热情、积极学习。他说："我是带着问题去学的，边学边用，边用边学。"每逢遇到不明白的地方，他都会不耻下问。

就这样，他慢慢地学会了使用电子邮件，并从中体会到用电子邮件与外界进行联系的便捷与乐趣；他学会了熟练使用智能相机，外出参加会议、同学相聚、老朋友相见时，他都会积极地为大家照相留念，并从中挑选一些得意之作做成相册保存；对近几年才兴起的微信，他也很感兴趣，通过向同事请教、和老同学交流使用心得等方式去学习，不久就会使用微信与在国外的女儿一家聊天。

他掌握的这些新事物，都是通过学习得来的，这对于年轻人来说，是很简单的事，但对一个七八十岁的老人家而言，确实很了不起。

学习他学农爱农的精神

他把学农、爱农、为农作为自己一生的事业与追求。他对农业发展的思路很敏感、意识很超前。他经常针对农业与农业教育的热点问题开讲座，比如《农业的持续发展》《新农村建设》《转基因》等。

他长期关注“三农”，在农业、农民、农村之后，还把农业高等教育列为第四农，并为此专门开讲座《如何解决我国的“四农”问题》。

他长期关注国家粮食安全，这几年，他一直在各种场合，呼吁大家重视国家粮食安全，节约粮食，把中国人的饭碗牢牢地端在自己的手里。

2013 年至 2015 年，他分别为深圳市龙岗区龙城小学，华南师范大学附属中学，华南农大继续教育学院承办的《全国现代种业发展与粮食安全》高级研修班、农学院 2014 级的全体新生和 2015 级农学专业学生作题为《国家粮食安全和节约粮食》的学术报告，听众有小学生、中学生、大学生、研究生、继续教育研修班学员和大学教师。

在卢院士的报告中，所有的文字资料都是他亲自查找并排版的，他以丰富的资料和开阔的视野对“国家粮食安全、我国粮食生产情况、不能忘却我国大饥荒的伤痛、触目惊心的粮食浪费现象和共同筑牢国家粮食安全长城”5 个方面进行了诠释。通过报告，卢院士向广大师生宣传节约粮食，人人有责、从我做起、从小抓起；勉励广大农业科技工作者、教育者和农学学子站在国家粮食安全的高度，负起振兴我国农业的使命感和责任感去学农、爱农、终身为农业服务。

学习他扶贫济困的侠义

2017 年 3 月，卢永根院士和他的夫人徐雪宾教授一起把 880 万多元的积蓄捐赠给我们学校，设立“卢永根·徐雪宾教育基金”。此事引起社会各界的强烈反响，而我对他作出这样的决定一点都不觉得意外，他作出这样的决定是必然的，不是偶然的。

他平时的生活真的非常节俭，衣食住行非常简单、朴素。他经历过新中国成立后的三年困难时期，也经历过用粮票买东西的物资匮乏年代，明白今天的幸福生活来之不易，所以十分珍惜，从不浪费。880 万多元的积蓄是他们夫妇从几十年的工资收入中节省下来的。两位老人对扶贫和教育却格外慷慨，几乎每年都通过各种途径捐钱，经常资助贫困学生，帮助他们，也时不时会收到受资助学生的来信。

他常常说起，他在 1959 年评上讲师，工资是 99 元，这个工资水平持续了很多年，甚至给 99 元起了个别名"2 条 9"。"2 条 9"的工资虽然不高，但他与夫人徐雪宾量入为出，加上双方的家庭负担都不重，常常有节余，看到邻里有困难，向他借钱，他都会热心帮助。

2015 年 5 月 6 日，卢院士来到花都罗洞小学，签下了房屋赠予协议书，将其兄弟二人共有的两家商铺赠予花都罗洞小学，作为该校的永久校产，其全部收益用于设立以他父母姓名命名的"卢国棉 · 梁爱莲伉俪基金"，进行奖教奖学。到目前为止，已奖励师生近 3000 人次。卢院士在捐赠仪式上鼓励家乡的孩子们用功读书，报效祖国。他说："教育是强国之本，一个国家要强大就要读书，要办教育。为什么把商铺捐给学校，就是希望家乡子弟努力读书，成为国家有用之人，国家才会越来越强大。"

他那颗帮助别人的公益心，一直都有。无论在什么情况下，他都想着尽自己的努力去做一些力所能及的事情。这一是因为他一贯的家国情怀，二是因为他对教育的期盼，他说教育可以让更多的人成为有用之才，将来报效祖国。

卢老师为了党的事业、为了他热爱的事业奉献了一生，令人敬仰、感人至深，他是我学习的榜样。

20 年来，卢老师始终以身作则，教我如何做人、做事。

20 年来，我始终怀着敬畏之心，努力做好每一项工作。

20 年来，我始终怀着感恩之心，真诚对待每一个人。

视频·链接

中宣部追授卢永根“时代楷模”称号

在全党深入学习贯彻党的十九届四中全会精神、开展“不忘初心、牢记使命”主题教育之际，2019年11月15日，中央宣传部在北京向全社会宣传发布卢永根的先进事迹，追授他“时代楷模”称号。

卢永根是华南农业大学原校长，中科院院士，著名水稻遗传学家。2019年8月，因病在广州逝世。他信念坚定、忠诚如山，入党70年来，始终不忘初心、牢记使命，对党和国家忠诚不渝、矢志奋斗，与共和国同成长、共奋进，是一名永葆初心的优秀共产党员。他献身科研、勇挑重担，毕生致力于水稻遗传育种研究，始终站在科学研究第一线，为国家农业发展作出了卓越贡献，是一位杰出的农业科学家。他立德树人、鞠躬尽瘁，长期奋战在高等农业教育最前沿，关爱和支持优秀人才，培养了一大批高水平现代农业专家，是一名出色的教育工作者。他艰苦朴素、无私奉献，始终坚持共产党员勤俭节约的优良作风，将积蓄880万多元捐赠出来设立教育基金，将遗体捐献给医学研究和医疗教育事业，是一位情操高尚的道德模范。曾荣获“最美奋斗者”“全国模范教师”等荣誉称号。

近一段时间，卢永根的先进事迹被中央媒体集中宣传报道后，在

2019 年 11 月 15 日，中共中央宣传部追授卢永根“时代楷模”称号。图为卢永根的妻子徐雪宾、秘书赵杏娟领取证书、奖章

全社会引起热烈反响。干部群众普遍认为，卢永根的身上集中体现了为党和人民事业奋斗终身、献出一切的家国情怀，是新时代“四有”好老师和知识分子楷模。广大教师和科研人员表示，要深入学习卢永根信念坚定、至诚报国，开拓创新、勤奋耕耘，勇担重任、甘为人梯，淡泊名利、无私奉献的可贵精神和高尚情操，大力弘扬爱国奋斗奉献精神和忠诚执着朴实品格，建功立业新时代，为实现“两个一百年”奋斗目标、实现中华民族伟大复兴的中国梦作出新的更大贡献。

“时代楷模”发布仪式现场宣读了《中共中央宣传部关于追授卢永根同志“时代楷模”称号的决定》，播放了反映卢永根先进事迹的短片。发布单位有关负责同志，卢永根的亲属、同事、学生及社会各界代表等参加发布仪式。

新华社北京 2019 年 11 月 15 日电

《2017 年度感动中国人物颁奖盛典》，
中央电视台，2018 年 3 月 2 日。

《时代楷模发布厅》，
中央电视台，2019 年 11 月 15 日。

《道德观察（日播版）》，
中央电视台，2019 年 12 月 22 日。